アジアのアイデンティティー

石井米雄 編

シリーズ国際交流 4

山川出版社

本書は、国際交流基金の機関誌『国際交流』(季刊)第71号(1996年4月1日発行)の特集「『アジア』とは何か」を改題の上、書籍として再編集したものです。本文は、1996年の初出時の原稿のままを原則としております。

はじめに

アジアという言葉を、われわれは日常何げなしに口にしている。日本はアジアの一国であり、日本人はアジア人だ。このことを疑う人はまずいないだろう。しかし自明と思われるこの「アジア」という言葉は、ひとたびこれに立ち入って考えてみると、思いもかけない疑問が生まれ、問題がそれほど簡単でないことに気付かされる。たとえば、われわれがその一員であると考えているアジアの範囲はどこまでなのか。中国、韓国は、同じ漢字を使うことから、親しみも自然とわこう。南へ下がってベトナムを訪ねてみよう。そこここに漢字の見え隠れする中国風の仏教寺院は、ここもまた文化を共有する国であることを感じさせてくれるかもしれない。カンボジアはどうか。ここまでくると文字はまったく読めなくなる。さらに巨大なアンコールの石造遺跡群は、日本の木造建築に慣れたわれわれの目にはいささか異質な存在にうつるだろう。タイ、ミャンマー、ラオスはどうか。いずれも仏教を信奉する国々であるという。しかし現在もなお、毎朝托鉢する黄衣裸足の僧と、日本の坊さんとの違いは明らかだ。さらに東南アジアの洋上には、広大なイスラームの世界が展開する。マレーシア、インドネシア、ブルネイ。西側メディアが誇張して伝える「原理主義ムスリム」の生み出すマイナス・イメージを抜きにしても、街頭に流れるコーランの誦唱のひびきに、異郷に来たとの感を深くする日本人はきっと多いに違いあるまい。

アラカン山脈を越えて西に進み、インドに入ると、そこはわれわれにとってややオドロオドロしくうつる、ヒンドゥーの神がみの世界となる。仏教誕生の地とはいうが、漢訳仏典を通じてしか仏教を知らない平均的日本人にとって、インドと日本文化との共通性をみつけることはいささか難しいかもしれない。さらに西に進み、パキスタン、アフガニスタンから西アジアへ入ると、そこはコーランの教えによっていっさいが規定される聖俗一如の世界である。この世界を正しく理解する常識を備えた日本人の数は、けっして多いとはいえないのが現状であろう。東アジア、東南アジア、南アジア、そして西アジア。学問的にはアフリカ北東部まで含まれる広大な地域を、「アジア」としてひとつにくくることがいかに難しいかは、こうして多様なこれらの文化的内容を一瞥するだけでも納得がいこう。

本書の目的のひとつは、日頃アジアについて深く考える機会の少ない平均的日本人のために、「アジア」を知る手がかりを提供することにある。まず第Ⅰ部巻頭の座談会では、アジア史の各分野の専門家に、「アジア」という言葉の多義性を題材として縦横に議論していただいた。読者がこれらの議論から、アジアについて考えはじめる糸口をつかんでいただければと思う。

第Ⅱ部では日本におけるアジア観の変遷がたどられる。松本論文は、よきにつけ悪しきにつけ言及されることの多い福沢の「脱亜論」をとりあげ、「亜細亜」の隣人を拒否したことによって生じた「後ろめたさ」の反動が「アジア主義」を生んだと分析し、この「アジア主義」もまた「脱亜論」ともども、日本人の正しいアジア認識をさまたげてきたと論じる。これにつづく「この人たちの〈アジア〉」では、西川如見、福沢諭吉、岡倉天心、大川周明、という四人の日本人思想家がとりあげられ、それぞれにとってのアジアとは何であったかが論じられる。吉田論文は、鎖国時代の数少ない外界への窓口、長崎に学んだ元禄の代表的知識人、西川如見のアジア観をテーマとする。マテオリッチの影響を受けた如見は、「亜細亜」を世界の五大州のひとつととらえていた。如見の『日本水土考』所収の「亞細亞大洲図」では、「日本国」がアジア大陸の東方に浮かぶ島国として記載されている。溝部論文は、松本論文でもふれられた「脱亜論」テキストを、福沢のひとつの「預言」として読み解こうとした試論である。溝部論文は、「脱亜論」を目覚めない人びとへの嘆きの書であるととらえ、中国・韓国にたいする日本のアプローチが、不幸にも「力を以て其進歩を脅迫する」ものにならざるをえないという福沢の予見に言及する。

これにつづく上田論文では、明治時代にヨーロッパに学び、「日本にも欧州にも座標の原点を置けなくなった」境界人岡倉天心のアジア観が検討される。南アフリカ在住の邦人が「名誉白人」とされたという話を、複雑な思いで聞く現代人の精神の原点は、ここで指摘された「境界性」のなかにみられるのではあるまいか。大塚論文は、大川周明をとりあげ、極東に偏した日本人のそれまでのアジア観を西方に向かって拡大させ、イスラムの精神史的重要性を強調したコーランの先駆的翻訳者の「アジア解放」の主張と、その終末論的使命感を分析する。

第Ⅲ部の銭論文は、中国人の視点からみた日・中の世界像比較形成史である。この論文によってわれわれは、伝統的に世界の中心を自国におき、自国以外の存在に無関心な中国が、「アジア」についても特別の関心をいだいていないというあまり注目されてこなかった事実を教えられる。銭論文によれば、「中国式社会主義」という命名は、西洋文明を相対化して東西両文明の対立的価値の調和を達成しようとする中国人の態度の表明にほかならないのであるという。これにつづく宮嶋論文は、近代以降今日までの韓国・朝鮮において、アジアという枠組みで物を考えることはほとんどなかったという重要な事実を指摘している。アジアという概念は、われわれの考えるほど広くアジア人に共有されているわけではないのである。

「アジア史上の人物たちにおける〈アジア〉」では、中国の孫文、インドのマハートマ・ガンディー、ベトナムのファン・ボイ・チャウ、インドネシアのイワ・クスマ・スマントリならびにタン・マラカという、五人の立場を異にするアジアのナショナリストたちにとって、「アジア」が何であったかが論じられる。石井論文は、孫文の「大アジア主義講演」のなかに、当時「覇道」を歩もうとしていた日本の「大アジア主義」にたいする批判のメッセージを読み取ろうとしている。また森本論文は、インドの思想家ガンディーにとってのアジアが、ヨーロッパの対立概念ではなく、そこから「人類の叡知が西洋へと流出した」偉大な思想の発祥の地としてとらえられていたと指摘する。「愛と真理」こそは、ガンディーの理解するアジアから世界へのメッセージであった。ベトナムをとりあげた白石論文は、日露戦争直後に来日した民族主義者ファンが、アジアを、植民地主義列強の圧迫をうけている「同病」同士としてとらえる一方、ファン自身は「同病」同士の連携より、むしろ「自救」によって危機を回避しようとしていたと説く。さらに後藤論文は、立場を異にするインドネシアの二人の民族主義者の地域認識を検討している。オランダ領東インド出身の知識人たちは、故国のあるべき政治的存在を「インドネシア語によって結ばれたインドネシア民族の唯一の祖国インドネシア共和国」という概念でとらえていたが、イワは、インドネシアとともに欧米列強の植民地であった、近隣の諸国がともにアジアを形成するという視点はもってはいなかった。その一方、マルクス主義に傾斜したタン・マラカは、アジアのなかのインドネシアはおろか、アジアとオーストラリアを結ぶより広大な「アスリア連合」という構想すら抱いていたという。

最後の第Ⅳ部では、西洋人の見るアジア像が示される。伊東論文では、古典古代に生まれた「アジア」概念が検討される。ここでわれわれは「アジア」という言葉が、もともとギリシア人がエーゲ海を中心にして東方すなわち「日出ずるところ」を意味しており、日本人のアジア観の中心的存在である東アジアは、じつはその視野の外にあったという意外な事実を教えられる。巻末の樺山論文は、開国してまもない明治の日本を訪れたヴィクトリアン・レディ、イサベラ・バードが、ただひとりの通訳をともなって行った『日本奥地紀行』のテキストをたどりながら、そこに示された他者としてのイギリス女性の発見した日本文化の理解に積極的価値を見出そうとしている。

これらの論稿を通して、読者は、日頃われわれが何げなしに口にする「アジア」という言葉が、その使用者のおかれた歴史的、文化的、社会的、政治的文脈によって、まことに多彩な意味を包含していることに気付くにちがいない。そしてその違いを意識することなく、無批判に「アジア」という言葉を用いることから、予想をこえた誤解が生まれる危険を意識するにいたるであろう。

人は二十一世紀を「アジアの世紀」であるという。希望的観測を込めて語られるこの言説は、「アジア」という言葉が何をさすかについての合意がないかぎり、じつは何も語っていないのである。G７に出席する欧米各国の首脳のあいだにただひとり立つ日本人首相の写真を見るわれわれ日本人は、歴史の生み出した「アジア」と日本との複雑な関係に思い至らざるをえないのである。本書が、二十一世紀を目前にした日本の読者に、それぞれの知識と体験をふまえた自らのアジア像を構築していただくよすがとなることができれば、編者にとって望外の幸せというべきであろう。

石井米雄

目次

Ⅲ　アジアにおけるアジア観

アジアのアイデンティティー

I

座談会　「アジア」とは何か

「アジア」とは何か

――論理の錯綜を解きほぐし、未来を導きだす視座を探る

司会　石井米雄
板垣雄三
濱下武志
川勝平太
坂本多加雄

石井――私たち日本人は日常、「アジア」という言葉をじつに頻繁に、しかも何の気なしに口にしているんですが、じつは、その「アジア」とは何かということについて、じっくり考える機会は意外なほど少ないことに気づきます。「われわれアジア人は……」などという表現を当然のように使う一方で、いざ「アジア」の内容を正面から検討しはじめると、たいていの日本人は、自分たちとは異質な世界に踏み入ってしまったような感じを覚えるのではないでしょうか。

たとえば、宗教の面から考えると非常にわかりやすいと思うのですが、日本人が「これはわれわれの宗教だ」ということを感じるものが、はたしてアジアにあるのかどうか。中国仏教は、日本仏教とはずいぶん違うものですし、東南アジアの仏教も、インドの仏教も、非常に感じが異なります。ヒンドゥー教などは、日本人からみれば大変にエキゾチックな世界であり、さらに、本来はアジアの中核的な宗教であるイスラム教にたいして、平均的な日本人はかなり違和感をもっている。いま

だに中国から入った回教《かいきょう》という言葉でこれを呼ぶ人もいます。

あるいは、東南アジアなどに行くと、お互いに黄色人種で肌の色が同じだということに共通点を見出そうとしたりするんですが、もう少し西に向かってインドに入れば、その点でもだいぶ違う。ですから、自分たちがアジアのメンバーなのだという気持ちが、どうも希薄なんですよね。

それから、多くの日本人は、日本がG７（先進七ヵ国蔵相中央銀行総裁会議）のメンバーであることを誇りにしていると思いますし、その延長線上には、南アフリカで名誉白人などと呼ばれて、どこかくすぐったいような、まんざら悪い気もしないような感覚もある。ということは、日本人自身が、自分は「アジア人」でないと認めているのだろうか——、そもそも「アジア」という言葉には、「西洋でない」「白人でない」といった、消極的な定義しかないのではないだろうか——。

そういうわけで、「アジア」という概念は、一見、常識のようでありながら、大変に混乱しているのではないかと思います。この混乱をスタート地点としまして（笑）、今日は皆さんに、縦横に「アジア」を論じていただこうというわけです。

移り変わる日本人のアジア認識
——「アジア」と「亜細亜」

坂本——非常に素朴な経験なんですけれども、私の通《かよ》っていた高等学校に、あるキリスト教団体が聖書を配りにきたことがあって、そのときに「聖書の起源はアジアにあります」という説明を受けたんです。いまでこそ、「アジア」というのはもともとヨーロッパから出た言葉で、地中海、パレスチナから東は全部アジアなのだということが、知識としてわかるわけですけれども、そのときは、エルサレムを思い浮かべて「あそこもアジアなのか」という驚きがありました。言葉としての「アジア」を改めて知ったという感じでしたね。

石井——僕が小学生のころには、「アジア」という言葉をいまのようにカタカナで書かずに、漢字で「亜細亜《アジア》」と書いてたんですよ。これは、中国から入ってきたものなんでしょうか。

濱下——孫文が「大亜細亜主義」という表現で、その字を使ったのは事実です。日本でも、明治のかなり初めのころから新聞などに出てくるんですが、日本での使われ方と、孫文の「亜細亜」が意味するものとは、だいぶ違っていたのではないかと思いますね。

坂本——日本人が近代以降に使った「亜細亜」あるいは「東洋」という言葉は、西洋によって植民地化されている、あるいはされつつあるという共通の物語を確認して、あえて一つの地域としてまとめようとする発想にもとづいていたんじゃないでしょうか。そのことを除けば、政治的にはもちろん、文化的にもまったく違った国々がこのなかに入ってくるわけですから。

濱下——そうなんですね。一方で孫文の場合は、そうした共通の運命と同時に、中国の歴史的な広がりをそこに重ね合わせていたのではないかと思います。いわゆる中華秩序の発想で、歴史を共有しているという観点から、中国の民族的ナショナリズムを最大化し、そこに「亜細亜」あるいは中華民国を考えようとした。逆にいえば、歴史的な中華世界を極小化したところに、ナショナリズムを位置づけるということです。ここには、ヨーロッパにたいしてのアジアにとどまらず、アジア自体の歴史をどう表現するかという問題意識が含まれていると思います。

石井——ヨーロッパの側からみると、アジアのイメージは、まったく違ったものになってくるのでしょうね。「アジア」という言葉は、もともとアッシリア（メソポタミアからエジプトにまたがる紀元前八〜前七世紀の世界帝国）からギリシアに入って、そこから広まっていったもので、そもそもヨーロッパに起源があるわけですけれども。

川勝——ヨーロッパの歴史認識を示した最初の書として、紀元前五世紀にギリシアの歴史家、ヘロドトスの書いた『歴史』があります。それはペルシア戦争を柱とした物語ですが、そこには明らかにヨーロッパをアジアと対比する精神があります。坂本さんがおっしゃった、地中海以東をすべてアジアとする世界像は、この段階からヨーロッパに存在していました。「アジア」という概念は、ヨーロッパを媒介にして、ヨーロッパ以東に入ってきたということができます。

日本では、さきほどお話に出ましたように、「亜細亜」と漢字で書いていた戦前期には、インド以東の中国を中心とする「東洋」の一員として自己を認識していた。ところが戦後、西洋化が進み、「アジアのなかの日本」ではなく、西洋の側に立って「アジアと日本」というとらえ方をするようになったのではないでしょうか。たとえば、マルクスは『経済学批判』（一八五九年）で、アジア的生産様式を、歴史の発展過程において、古代的、封建的、近代ブルジョワ的生産様式に先行する段階と見なしましたが、戦後日本の知識人はその概念を受け入れ、その意味するところをめぐって、大論争が繰り広げられました。専制君主が土地・人員を含めて共同体を完全に支配し、すべての余剰労働を搾取するという意味合いに象徴されるように、西洋と同様、日本でも「アジア」は停滞を意味する言葉として使われるようになったことなども、その一つの現れだと考えられます。

つまり、「アジア」という概念は多義的でありかつ流動的で、時代によってその意味内容が変わってきました。石井先生がおっしゃった、日本におけるアジア認識の混乱も、この変遷のうえにあるように思います。

捨象されたイスラム
——視界からはずれた世界への違和感

板垣——「アジア」という概念はヨーロッパ製のもので、われわれはそれにすっかり乗っかって、ものを考えている——たしかにそのとおりなんです。たとえばトルコのイスタンブル辺りに暮らしてみれば、たった幅一キロぐらいの海峡を隔てて、こちら側がヨーロッパ、向こう側がアジア。景色が違うわけでもない。本当はその程度のこと。

石井——ところが、むしろそのトルコを含むイスラム世界を、日本人がどう認識しているのか、いま川勝さんが整理してくださったアジア認識の流動性のなかに、どう位置づけられるものなのか。そこに、混乱の一つの大きな原因があるんじゃないかと思うんです。日本人のイスラム教にたいする違和感については、どう考えておられますか。

板垣――イスラム教が、キリスト教と同じようにアジアから起こった宗教だということは、理解できないわけではないにしても、直観的に、西洋とのつながりでとらえているのでしょう。現在の国際情勢のなかでは、ヨーロッパとイスラムは対立するものとみられていますが、ヨーロッパ文明の淵《えん》源《げん》が本当はイスラム世界にあるということを、日本人は見抜いている（笑）。そもそもアジアとヨーロッパという分け方をすること自体が問題なんですけれども、それにはいま触れないことにして、ただ一神教であることや、合理主義、個人主義、普遍主義といった場面で、やはりイスラムはヨーロッパのほうにつながるというように感じる。それで遠くへ押しやってしまうんでしょうね。

　さっきのお話のように、日本人はアジア人であったりなかったり、いろいろと使い分けをしてきたわけですけれども、イスラムをどう見るかということも、頭のなかで東洋にしたり西洋にしたり、使い分けているところがあるような気がします。

川勝――ヨーロッパのほうから見れば、エドワード・サイード（エルサレム出身の文芸評論家。米国コロンビア大学教授）が『オリエンタリズム』（一九七八年）で指摘したように、本来は自らと一体であったイスラム的アジアを区別する、ないし捨象することが、自己認識であった。ヨーロッパ人の自己認識はアジア認識と表裏一体の関係にあるという主張です。サイード流の考えではヨーロッパとイスラム的アジアは、二つながら一つであるといえます。

　ヨーロッパがそういう構造を内包しているために、日本が戦前から戦後にかけて、東洋の一員から西洋の一員へという革命的転換を遂げ、後者の立場からアジアを見ていくことになったとき、ヨーロッパが捨象した部分のアジア、イスラム的アジアは、日本の視野からも落ちて、遠い存在になってしまったのではないでしょうか。

ところが、このごろは、ヨーロッパ的な視点でのアジア認識を改めようとする傾向が出てきていますね。これまでのアジア認識を大まかに時期区分すれば、戦前が東洋の眼で見る第一局面、戦後は西洋の眼で見る第二局面で、現在は第三局面に入ったという感じがします。

文化的実感をともなった、日本のアイデンティティを探すために
——なぜそれでも「アジア」を論じるのか

石井——いま、「アジア」という言葉について、いくつかの別の意味でとらえた例が出てきました。たとえば、アジア的生産様式という場合の「アジア」は、停滞を表す。それから、アジア主義といえば、むしろ強い自己主張のイメージがある。

もう一つ、一九五五年にインドネシアのバンドンで開かれたAA会議——アジア・アフリカ会議——における「アジア」はどうでしょうか。このときに「AA」という言い方が生まれ、のちにラテンアメリカのLAを加えて、AALAというかたちでグルーピングされるようになりましたけれども、ここにあるのはやはり、植民地支配を受けていたとか、発展が遅れているとかといった共通の意識なんですよね。つまり、AA会議は、被植民地の人々が、これからその状態を脱していくんだという示威行為だったわけでしょう。日本もじつはAA会議に参加したわけですけれども、はたして、そ

ういう意識を共有しようという気持ちがあったのかどうか、ちょっと疑問に思うんです。

じつは私自身、その一〇年後にアルジェリアで開かれる予定だった第二次AA会議にかかわっていたことがあるんですよ。結局あの会議は成立しなかったんですけれども、準備の仕事をしながら、「いったいこの会議で、日本人がどういう役割を果たすのだろうか」と考えつづけていたものです。それは私個人の感想であって、そのときの新聞論調はよく覚えていないんですけれども、少なくとも「われわれアジア」という意識はなかったのではないかと思います。

川勝——アジア・アフリカは、ヨーロッパにとって、ヨーロッパ人自身が移民した以外の旧植民地ですね。そのアジアはいわゆる第三世界という意味合いをもった「ヨーロッパ的アジア」ですね。戦後、この種のヨーロッパ的アジア認識がグッと広がり、「アジア」の側としては、先進欧米諸国に対抗して主体的に団結する中核になったのは、インドや東南アジア地域、さらにその周辺に広がるイスラム的世界ですが、日本人は自国が第三世界の一部だという意識はありませんから、このなかにボンと置かれると、さぞかし座りがわるかっただろうと思います。

石井——そもそも、なぜわれわれは「アジア」を議論しなくてはいけないんでしょうね。

坂本——要するに、「アジア」という言葉をもちだすことで、日本がどの程度、自分のアイデンティティを語れるのかということにつながると思うんです。実際の関係の深さであれば、少なくとも近代化以降は、ヨーロッパということになりますよね。しかし、ここで「アジア」を語る意義というのは、日本を考えるための、いわば必要性にもとづくものではないでしょうか。

川勝――同感です。日本がどのようにアイデンティティを語るか、ということは時代によって変化する。それにともなって、そのアイデンティティを語る手段も変わる。つまり、ヨーロッパをつうじたアジア認識になったり、東アジアのなかでの伝統的なアジア認識になったりと、必要とされるアジア認識のほうも変化するんですね。

坂本――たとえば、明治の美術界の指導者として知られる岡倉天心は、一九〇三年に出版された『東洋の理想』の冒頭で、「アジアは一つ」といい切っていますけれども、彼のアジア主義は、植民地化された地域の共通性を前面に押し出すという意味にとどまっていない。インドと中国の文明は日本において合流した――その日本でこそ「アジアは一つ」であることがありありと感じとれる、という彼自身の文化的な実感にもとづいて、そのことを抜きにしては、日本の何たるかを語れないという必要性のうえにいっているような気がするんです。

現代、もしくは今後のアジア論についても、同じことがいえると思います。日本の過去と将来を語るために、「アジア」という概念が、何らかの意味で必要なのかどうか。それは、そのときどきの政策的な必要性ではなくて、個々の日本人がどの程度、実感として「アジア」を意識しているか、ということに依存してくるような気がします。

華夷秩序に集約される日本の思想背景
――脱亜論もアジア主義も、その心は攘夷なり

石井――いま、岡倉天心のアジア主義に言及していただいたんですけれども、それと比較して、福沢諭吉の「脱亜論」はどうなんでしょう。ちょっと違うものが含まれているような感じがするんですが、どうお考えになりますか。

坂本――福沢の「脱亜論」のなかで「亜細亜」という言葉がさしているのは、よく分析すると中国と朝鮮のことで、あの文章は、かなり政治的な文脈で書かれているんです。

「脱亜論」が書かれたのは一八八五年ですが、これは、甲申事変《こうしん》（一八八四年、朝鮮を開明路線に導こうとする独立党が日本の協力を取りつけ、親清政策をとる守旧派、事大党《じだい》の追い落としをねらって起こしたクーデター）が失敗に終わり、日本が朝鮮半島から後退をよぎなくされた時期です。今後、中国（清国）と協調して、朝鮮にたいして妥協的な対処をするか、それとも、朝鮮半島にかかわることを完全にやめ、清国にたいして強硬姿勢を貫くか――、そういう政策判断を迫られていた。福沢は、その後者の立場でした。つまり、彼のいう「脱亜」とは、もう日本は朝鮮にかかわらないという趣旨なんですね。当然ながら、この場合の「亜細亜」には、インドは含まれていない……。

石井――なるほど。それは非常に大事な分析ですね。いまのジャーナリズムで、「脱亜論」が引き合いに出されるときに想定されているアジアは、その文脈とはまったく異なるものじゃないでしょうか。

坂本——「脱亜論」が、福沢の定義を離れて、むしろ福沢以前からあった「西洋」対「東洋」という図式のなかで語られてしまっているんです。福沢が文明開化の思想家だということも手伝って、その誤った解釈のまま、いかにも福沢らしいことをいうというイメージで定着してしまったようですね。

福沢が頭に描いていた文明史の構図は、アジアと西洋を対比して考えるというよりも、もっと普遍的なものでした。つまり、世界の国々には、「文明」「半開」「野蛮」の三段階があって、「文明」の段階に達しているのは欧米諸国、アフリカやオーストラリアは「野蛮」、日本、中国、他のアジアの国々は、その中間の「半開」の状態にある。これらは互いに相容れないものではなく、同じ発展経路のうえにあって、「半開」「野蛮」の国も、いずれ「文明」の段階に達する可能性があるというわけです。

川勝——福沢は『福翁自伝』(一八九九年)で、日本は「半開」だけれども、「文明」になれる、絶対になってみせる、そのために日本にヨーロッパ文明を入れるのが自分の生き甲斐であったと何回もいっていますね。いわば志士の精神で西洋文明に取り組んでいるのです。これは要するに、ヨーロッパ文明を導入することで、ヨーロッパに対抗できるようになりたい、という態度にほかなりません。

一方、岡倉天心が「アジアは一つ」といったときにも、そこはかとない攘夷《じょうい》思想があるような気がします。彼は横浜生まれで、ヨーロッパ文化の影響を受けて育ったことが、かえって、さっき坂本さんが説明されたような文化的実感としてのアジア主義につながっている。ヨーロッパに憧れると同時に対抗するという感覚は、大東亜戦争で負けるまで、一貫して日本に流れていたように思います。

ですから、「アジアは一つ」という精神でいくにしても、「脱亜論」を掲げて日本だけでやっていくにしても、根っこのところには、一種の対西洋攘夷思想というべきものが連綿とあるのではないでしょうか。

つまり、夷の長技《ちょうぎ》を以て夷を制すという、華夷秩序的な発想が生きている。ヨーロッパの文明を入れることで、最終的には相手を制してしまおうという考え方ですね。純粋に排外的な立場をとることはせず、かたちとしては開国を選択していながら、それ自体、じつは攘夷思想の一つの変形で、攘夷か開国かは、二者択一ではなくて、根は同じ華夷思想なのではないかと思うのですが、いかがでしょうか。

濱下——そうですね。そのとおりだと思います。程度の差はあるかもしれませんが、日本の知識人の思想的な背景は、やはり華夷秩序にあったといえるでしょう。そのなかで、かつては中国の文明、その後、明治維新の時期にはヨーロッパの文明という、大きなものへのコンプレックスが国を動かす要因になり、それに対処する手段として、攘夷と開国という二つの対応策が出てきました。

この点にかんしては、幕末・明治以降だけを検討するのでは幅が狭すぎて、明・清の時代から考慮に入れる必要があると思います。つまり、日本の知識人がトレーニングされてきた場を、歴史的に検証していくわけです。

華夷秩序・ヨーロッパ国際法・大東亜共栄圏
――近代日本をめぐる三つの選択肢

坂本――日本の場合、華夷思想というときに、二つの意味があるのではないかと思うんです。一つは、中国を中心とする、文字どおりの華夷秩序。もう一つは、日本自身を中華に見立てて、たとえば琉球などを従えているという意識です。

私は、少なくとも江戸時代以降、後者の華夷意識が幅を利かせていた一方で、前者の華夷秩序――こちらのほうが、本当は客観的存在としてあったはずなんですが――に、日本がどこまで帰属意識をもっていたのか、疑問に思います。とくに明治維新以降は、前者の選択肢は問題にもされなかったのではないでしょうか。

幕末から明治維新にかけての日本の一連の変革は、非常に輝かしいものでしたが、これはそもそも、文明の中心であったはずの中国が、阿片戦争でヨーロッパ文明の前に屈した現実をみて、これではいけないというところからはじまったわけです。そういう状況のなかで開国したんですから、改めて従来の華夷秩序に属すという選択肢はありえなかったのだろうと思います。

川勝――たしかに日本型華夷思想というものがありますね。日本が中国的華夷秩序を自分のものにして、自らを「華」とする独特の考え方をもつにいたった。岡倉天心のように、日本はこれほどの東洋文化をもっている、茶の心も、東洋美術もある、といって西洋に対抗する、一種のロマン主義的攘夷思想もそこから出てくるように思います。

しかし、力関係ではヨーロッパにかないませんから、実際にはヨーロッパ文明に学びながら、夷の長技を以て夷を制するかたちで、攘夷を進めようとしたのだと思います。

石井――幕末には、攘夷か開国かという二つのイデオロギーがあれほど対立したのに、ある日突然、パッと攘夷思想が消えて開国一辺倒になってしまうようにみえるんですが、実際には開国も攘夷なんだという見方には非常に説得力があります。

それ以降の歴史においても、かたちのうえではいったん消滅した攘夷思想が底にはずっと流れていて、それが大東亜戦争のときに再び現れたということなんでしょうか。さらに、その後も日本のどこかに攘夷思想が存在しつづけていて、和魂洋才というような美しい言葉でごまかしてはいるけれども、結局、いまにいたるまでその総括がなされてないいんじゃないかということを、じつは前から感じていたんですよ。

坂本――鎖国をやめて開国した時点ではやはり、中国を中心とする華夷秩序への帰属を否定する以上、近代ヨーロッパ国際法のシステムに属することを選ばざるをえなかった。たとえば大陸に進出して、清国の朝鮮への関与を阻止するような行動にでたことも、客観的にみれば、ヨーロッパの国際秩序に属した日本が、東アジアにその秩序を導入し、旧来の華夷秩序を破壊しようとした、と解釈することができるわけです。

しかし日本の場合、ヨーロッパ国際秩序の正規のメンバーにもなりきれていないところに問題があって、場合によってはポロッとそこから落ちて植民地になってしまうという恐れがつねにありましたから、こちらの国際秩序を全面的に肯定し、信頼することもできない。

華夷秩序もだめ、ヨーロッパ国際秩序もだめというなかから、一九三〇年以降の情勢のなかで、いよいよ第三の選択肢として登場したのが、日本が自分で東アジアに独自の秩序をつくるという、大東亜共栄圏の発想だったのではないでしょうか。

石井――いまのお話で思い出したんですが、このあいだ、中国に詳しいタイの歴史学者と会ったときに、たまたま大東亜共栄圏のことに話題が及んだんですね。彼がいうには、「大東亜共栄圏の国々は兄弟だなどというけれども、あれは要するに、日本が兄、そのほかはすべて弟だという考え方であって、中華思想の裏返しである。

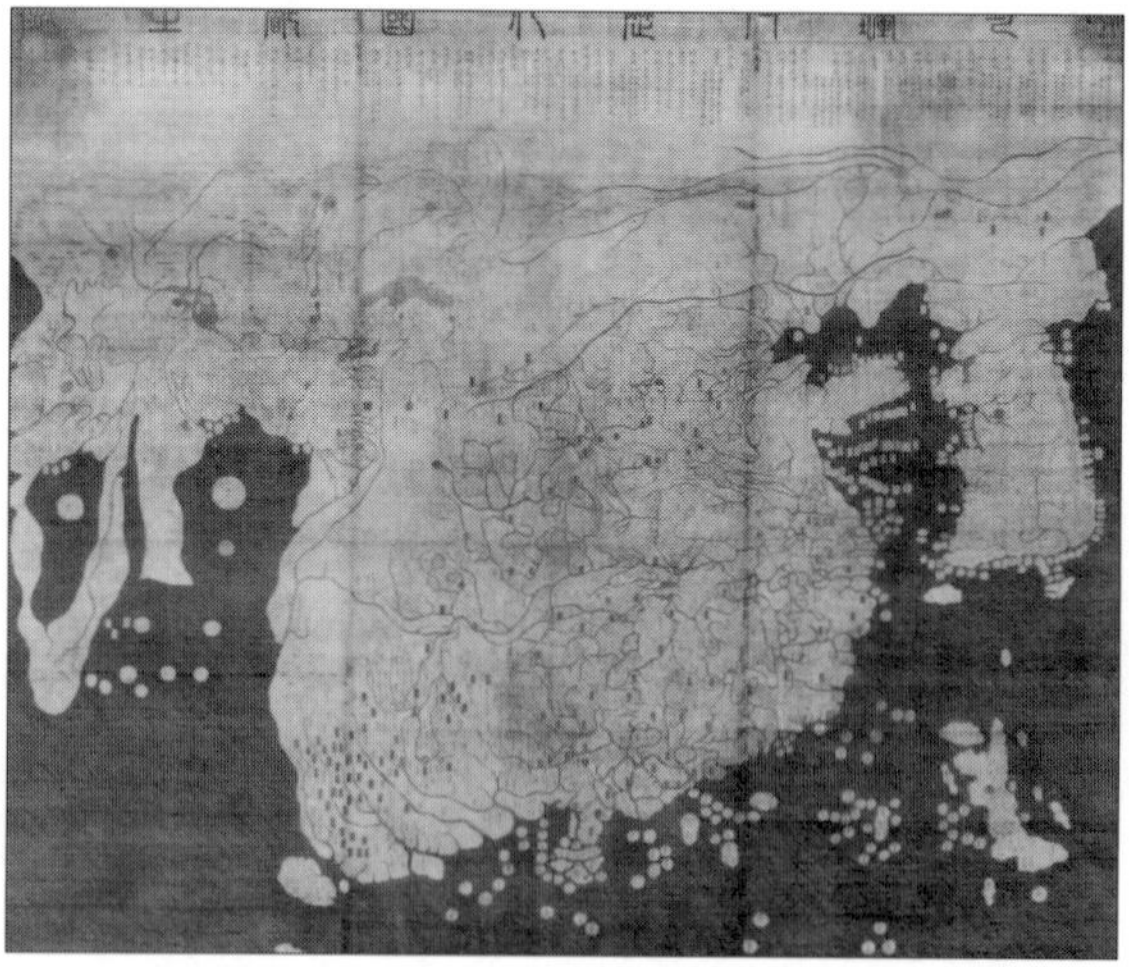

混一彊理歴代国都之図（こんいつきょうりれきだいこくとのず） 龍谷大学図書館蔵
1402年に朝鮮で作成され，明治になってからわが国に入ったもの。中国が極端に大きく描かれ，中華的世界観の影響を示している。右下に見えるのが日本。

そんなことで連帯意識がもてるわけがないと、われわれは感じていました」ということなんです。いま坂本さんの話を伺っていて、それと同じ観点が含まれていることに気がつきました。

アジアのダイナミズムに向けて日本を開放すべし
――多様性を投影する「ばらけ」の発想

濱下――日本を中心とする秩序づくりに向かっていったという面は、たしかにあると思うんですけれども、私としては、その日本型華夷秩序という言葉に現れているように、「日本」というものをまとまったある一つの実体としてとらえることに、いつも疑問を感じているんです。アジアを考えるときに、日本がつねに一つの大きなテーマであることには、まったく異存がないのですが、何となく、われわれの頭のなかで、日本だけがいつも別に置かれているような気がします。

そこでいったん日本を離れて、アジアという場のより大きなダイナミズムのなかで日本を考えると、華夷秩序にかんしても、少し別の視点がでてくるのではないでしょうか。つまり、アジアを構成する諸要素が、ある歴史的なサイクルで現れたり隠れたりする。そのなかで、中国を中心とする秩序が成立していた時代がかなり長く続いたあと、今度は周縁の部分が、自己を主張しようとします。日本型華夷秩序と呼ぶべきものも、その一局面として登場したといえます。そして、たとえば、先日タイに行ったんですが、あそこにもどことなく、宗主国が朝貢国にたいするようなイメージで周りに接している雰囲気がありますし、また、ベトナムも朝鮮も、歴史的にはそういうところがあった。ですから私は、ヨーロッパに対抗するという必要が生じる以前に、すでに伝統的な華夷秩序のなかで、日本を含む周辺国がナショナリズムを主張する契機を含んでいたのではないかと思うのです。

たしかに日本の大東亜共栄圏の場合には、文官統治を徹底した中国と違って、領土や軍事の問題に奔走したり、東南アジアの民族政策にかんしても、中国系の人々とマレー系の人たちとのあいだに楔《くさび》を入れるようなことになりました。それは明らかに、華夷秩序における宗主権の理念に反することですから、発想と現実とは、大きくずれるところがあったわけです。

いずれにしても、こうした地域全体のダイナミズムのなかで、アジアの問題が考えられないだろうかと思っているんです。そうみますと、現在の状況は、おそらく中国がもう一度、やや宗主的な立場を獲得しつつあるところだと考えられます。中国が力をつけてくる時期というのは、歴史的にみて、強い宗主権を想定しないと、多民族、多文化、あるいは多地域のあいだの関係が処理できない状況になっているときなんですね。こういった流れを視野に入れると、現代のアジアの新しい情勢もとらえやすくなってくると思います。

板垣――僕は濱下さんがいおうとしておられることに、非常に賛成なんです。日本という単位でものを考えている限りにおいては、先ほどからのお話でもすでに指摘されているように、脱亜論もアジア主義も、結局は同じ穴の狢《むじな》なんですよ。同じものを両様に使い分けて、飛び石づたいに渡っていくような感じで、じつは簡単に取り替えがきく。問題は、そのときどきで現象的に強調点がどちらに振れるかということだけなんです。その構造が続いてきたわけですが、どうしたらそれをふっ切れるのか――、そこで、濱下さんのような考え方が重要な役割を果たすと思います。

日本中心の華夷秩序というものは、もちろん日本の大国意識が前提になっているんですが、じつは、これは非常な小国意識と表裏の関係にあるのではないでしょうか。唐《から》・天竺《てんじく》といって憧れた昔から、日本は吹けば飛ぶような小国（粟散《ぞくさん》、辺土《へんど》）という辺境意識を自らもっていたのであって、大いに威張って「亜細亜の盟主」などといっているときも、どこか卑屈な小国意識が土台にある。同時に、小国意識が強くなればなるほど、むやみに威張ってみせる。もっと大きな地域全体のダイナミズムのなかに日本をおいて考えることは、こういう悪循環をふっ切ることにもつながるんじゃないかと思いますね。

濱下――そういうかたちで日本の自己認識がアジアに向かって開放されれば、それを今度は中国にたいしても投影できるのではないかと考えているんです。じつは中国でも、いま板垣先生が日本についておっしゃったことと、非常に似た現象がみられるんですね。革命の成立した一九四九年から文化大革命の終息する七〇年代なかばまで、中国は、自分たちは歴史の犠牲者、日本の侵略の犠牲者であるという意識に満ちていたわけですが、一方で、それがバネになって中華復興の機運が生まれ、現在の改革開放につながっているのです。華夷秩序の構造自体が、プラス方向とマイナス方向の意識のバランスをとる機能を備えているという感じもします。

われわれからすると、中国は非常に堅固な、動かしがたいイメージがあるんですけれども、日本を大きな歴史の起伏のなかにおくことで、中国についても、こうして少しずつ見方がばらけてくる。それが必要だと思います。

板垣——そうですね。一つのまとまったものとしての「日本」意識をもってしまうと、アジアのとらえ方、世界のとらえ方も、ある一定の枠組みしかなくなってしまう。そこのところが、密接に関連しているんですね。

濱下——さらに、日本のなかを地域的にばらけるようにして考えるところまでいきたいんです。アジアは多様だということをよくいうんですが、お互いの像というのはつねに反映し合うものですから、アジアが多様にみえるのは、日本が多様だということなんですね。

石井——日本人のアジア観が多様であることから、逆に、日本の多様性を発見することができるかもしれない……。

濱下——そうなんです。たとえば、明治維新のときの戊辰《ぼしん》戦争(一八六八〜六九年)にさいして、東北、北陸の諸藩が結成した奥羽越列藩同盟《おううえつれっぱんどうめい》と、薩長の勢力がぶつかり、北の同盟は内部崩壊をきたしたために、あたかも近代日本が西南雄藩のみの歴史であるかのようにとらえられ、東北地域とアジアとの関係が視野の外におかれています。その結果、東北出身の知識人が、たとえば後藤新平のように、台湾と東北人との関係を重視したということも見逃されがちです。あるいは、その後の自由民権運動に失敗した人たちが、大陸に移ったということも地域的な文脈です。そういう事実によってみますと、日本のなかも地域的に非常にばらけていて、アジアとのかかわりもそれぞれの特色をもっていることがわかります。現在の朝鮮半島の問題にしても、歴史上、日本のいろいろな地域で、それぞれのかたちでのつき合いがあったことを忘れて、あたかもそうでないような、一元的な処理をしようとしすぎていると思います。

もう少し、日本もアジアに向けてばらけたほうがいい。そういう視点で、日本で行われている多様なアジア論、あるいはアジア論の混乱を、逆に日本のなかに投影することを試みてはどうでしょうか。

仏教発祥の地「天竺」と憧れの「オリエント」
――東からの世界と西からの世界は、インドで重なっていた

板垣――日本人のアジア認識の混乱、または時代ごとの変化を考える場合、一つの目印になるのはインドだと思うんです。

まず、本朝《ほんちょう》(日本)・唐あるいは震旦《しんたん》(中国)・天竺(インド)という三国意識がありました。これは、必ずしも「アジア」という観念に対応するものではありませんけれども、日本のいわば伝統的な世界イメージであって、ここでは、仏教を介してですが、インドをある基準点として世界を見ている。たしかに、十六世紀以降は、その「世界」に西洋が加わることで、変更をよぎなくされていくわけですが、それは別にして、奈良時代――天平の昔から、日本人の世界にはインドが重要な中心要素としてあったと思うんです。

その伝統はあとあとまで生きていまして、たとえば一九〇五年の第二次日英同盟でも、その適用範囲として、インド亜大陸やインド洋がはっきりと視界にはいっている。それから、明治以降の日本の東洋学の世界では、白鳥庫吉《しらとりくらきち》(東京帝国大学教授、一八六五〜一九四二)、河口慧海《かわぐちえかい》(大正大学教授、一八六六〜一九四五)、大谷光瑞《おおたにこうずい》(西本願寺宗主、一八七六〜一九四八)のように、中央アジア、チベット、インドなどに強い関心を寄せていて、むしろこうした分野で、世界の学界を相手に勝負していこうという考えだったと思いますね。

ところが第二次世界大戦後、日本人の頭のなかでは、インドの位置が、またそこから西のアジアが、はっきり見えなくなってきている。これは、日米安保条約の影響もあって、「アジア」を「極東」と重ねて考える観念が、かなり浸透した結果ではないかと思います。いってみれば、日本人が自らの世界意識のなかで、古くからもっていたものを取り落としてしまい、勝手に東のほうだけを切り取ってアジアだと思っているような感じですね。せいぜい中国と東南アジアぐらいがアジアだと考えて暮らしている。

たとえば、スポーツでアジア大会などがあると、初めてサウジアラビアやレバノンなど、はるか彼方までアジアなんだなと気づくわけです。

川勝——要するに、現代はNIES、ASEANの地域が「アジア」だということですね。

板垣——そうです。これはアジア認識の混乱というよりは、日本人が伝統の心を失ったということではないか。

川勝――板垣先生がおっしゃいましたように、私もインドの位置は決定的に重要であると思います。ヨーロッパ側からの世界認識にとってもそうです。

ヨーロッパにとっては、インドに行くことは憧れでした。十三世紀のマルコ・ポーロのときからそうだったわけです。コロンブスが到達したのはたまたまアメリカでしたけれども、本当はインドに行きたかった。

ところが、その憧れの社会が十九世紀になると侮蔑《ぶべつ》の対象に変わります。しかし、実際にはインドの木綿や香辛料を、貴重な商品として入手していましたから、完全にばかにすることはできなかった。さらに、古代インドのサンスクリット語がヨーロッパ言語と起源を同じくしているという、ウィリアム・ジョーンズ(一七八三年、イギリスから判事としてインドに赴任《ふにん》。ベンガル・アジア協会を創設し、インド学の父とされる)の驚くべき発見によって、ヨーロッパでは、インドが自分たちと無縁の世界ではないという理解が生まれました。ヨーロッパから、インドまでを含むオリエント世界を、一つのまとまりとして考える枠組みができあがったのですね。

じつは、ここで重要なのは、もともと古代ローマ人が地中海の東をさして使ったこの「オリエント」という言葉が、中国を含んでいないのではないかということです。一方、日本人は、先ほどのお話のように、本朝・唐・天竺からなる世界観をもっていました。つまり、ヨーロッパ人にとっての東の端と、日本人にとっての西の端が、インドで重なっていたのです。

実体のインド、認識のインド
――知的に構築された枠組みでとらえる、文明の図式

石井――いま伺っていて思いましたのは、インドまでを一つの世界と認識するといっても、それは必ずしも一様の濃さではないのではないかということです。本朝・唐・天竺という場合、唐は非常に近い感じがしますよね。そこから実際に、漢字をはじめとするさまざまな文化的要素をもらいましたし、遣隋使・遣唐使などが出かけていける距離でもあるし。それに比較すると、天竺は、いわば想像上の存在でありつづけたのではないかと思うんですよ。

実際、日本人のインド認識は中国経由なんですよね。たとえば仏教も、インド仏教というかたちでは入ってこなかった。古代からの悉曇《しったん》(梵《ぼん》語=サンスクリット語)学の伝統はありましたが、本格的なインド学が発達することはないままに終わり、のちに日本人が古代インド研究にかかわるのは、結局、明治に入ってドイツやイギリスに行くようになってからです。

やはりインドはちょっと遠いんですね。中国の影響があまりに大きいですから。そういう意味では、本朝・唐・天竺という三分法で世界が構成されていたというよりも、本朝・唐という二分法の世界が成立していて、その外延《がいえん》に天竺があるような感じがするんですが、どう考えたらいいんでしょうか。

濱下――世界認識の歴史的な変遷を考える場合、世界の現実の広がりがどうとらえられていたかとい

うことと、知識としての認識の枠組みがどうなっていたかということは、二つの別な問題ではないかと思います。

広がりという意味では、たしかに日本からみれば近くに中国があり、その向こうにインドがあり、という具合になるわけですが、一方、認識の枠組みで考えてみますと、やはり本朝・唐・天竺という三国で世界がかたちづくられているという認識はあったんじゃないでしょうか。これは、一種の文化的、あるいは文明的な歴史観にのっとったとらえ方であって、中国もインドも一つの枠組みのなかに存在していたのです。

その次に、漢学・洋学・国学という三つの方法で、世界を認識しようとする枠組みが登場します。それが、東洋史・西洋史・国史という近代以降の学問領域に転換するんですが、この段階になりますと、東洋史学の開拓者である桑原隲蔵《じつぞう》（京都帝国大学教

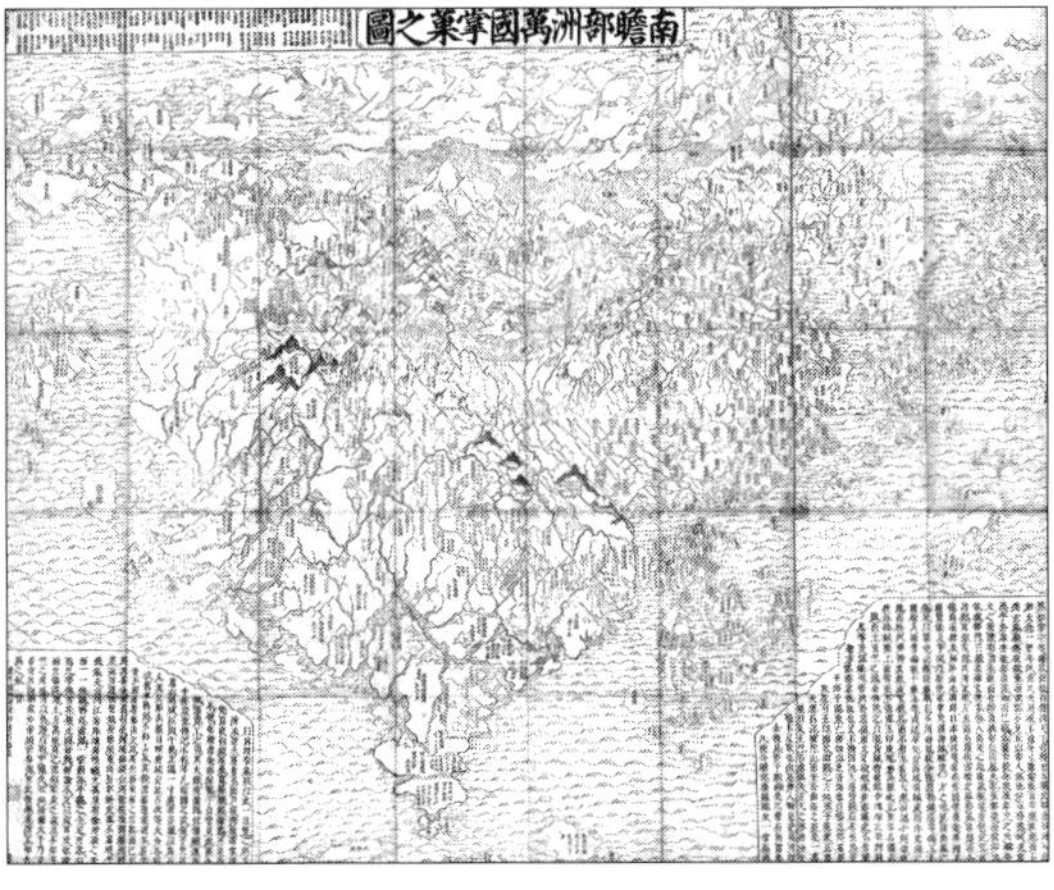

南贍部洲万国掌菓之図（なんせんぶしゅうばんこくしょうかのず）　浪華子（鳳潭）作　1710年
財団法人東洋文庫蔵
仏教的世界観にもとづき，南贍部洲（インド）を中心に描いた世界図。西洋の地理的知識をもとり入れており，幕末まで，この系統の世界地図の手本となった。北西にはすでにヨーロッパが見え，東側に日本，その南はアメリカである。

授、一八七〇〜一九三二）の業績自体、学問の手法としてまずヨーロッパの史学を学ぶところからはじまっています。おそらくこのあたりが、日本のアジア認識、世界認識の枠組みの、一つの大きな転換点であったのだろうと思います。そして、その転換の過程は、アジアにおける国家形成やナショナリズムの問題が次々とでてくる時期と重なっていたわけです。

さらに歴史がくだって、戦後、経済発展の度合いを物差しに世界を認識するようになると、日本がそれまで、自らと同じカテゴリーのなかでとらえていたアジアの国々が、新しく設定された基準からこぼれ落ちていきました。

こういう認識の枠組みの変化のなかで、日本は、自らと「アジア」をどう区別するか、同時に、「アジア」のなかに自己をどう位置づけるかという宿命的な課題を、絶えず抱えることになったのではないかと思います。

板垣——私は、広がりの感覚においても、天竺のイメージはそんなに抽象的なものではなかったと思いますよ。たとえば、鎌倉時代には、「どうやってインドに行くか」と一所懸命に旅行計画を練っていた明恵《みょうえ》上人の話はよく知られていたし、江戸期の庶民に異国への思いをかきたてた播磨の商人、天竺徳兵衛の物語もあったわけでしょう。こういうことは氷山の一角にすぎませんけれども、けっして、どこにあるやらわからない、単純な空想の世界ではなかった。いろいろな誤解や事実のすり替えがあったにしても、ある具体的な世界としてみようとしていたんじゃないでしょうか。

石井——ただ、明恵上人にしても、天竺徳兵衛にしても、実際に天竺に到達したかというと、しなかったわけですよ。十七世紀にはカンボジアに日本人町ができていましたから、アンコール・ワットを訪れる日本人もいましたけれども――徳川家光も、島野兼了《けんりょう》という長崎の通辞を派遣して、そのときに島野が描いた「祇園精舎《ぎおんしょうじゃ》の図」の模写が、いま水戸の彰考館《しょうこうかん》にありますよね――、それもまた、本当の天竺には届かないまま、話に聞いた天竺をそこに発見したといって喜んでいたわけでしょう。したがって、三国意識があり、インドの存在が認識されていたことは事実だと思いますが、それは、実体としてのインドそのものに迫るものではなかったんじゃないかと思うのです。

板垣――こちらから行かなくても、いろんなものが入ってきていた。木綿のようなモノから、もっと高度な思想体系まで。それを受け取って自分の血肉にするということは、異国に暮らすとか、実地に研究してわかるとか、とは違いますけれども、やはり自分のなかでインドを認識したことになるんじゃないでしょうか。認識とは、まず自分のなかにその対象をつくり出すことだと思うんですが、日本の場合に限らず、かつて、ヨーロッパ人がアジアを考えたときもそうだったのですよ。まず彼らのなかで、「アジア」というものの像をつくり出していたわけですから。

中国にたいしてだけ、直接のつながりが感じられるというのも、現実的にはおかしいと思います。二十世紀はじめのアジア主義の運動においては、中国人やベトナム人と並んで、インド人革命家との結びつきが非常に重要でしたし、東京外国語大学の前身、東京外国語学校のインド人教師バラカトゥラーは、東京でイスラム復興を唱える新聞を出していました。また、ラシュ・ビハリ・ボースというインド民族運動の指導者が国外退去命令を受けたとき（一九一五年）、これをかくまった東京新宿の中村屋の話は、その店のカレーだけでなく有名です。いってみれば市民生活のなかで、皆が意識できる距離にインドがあったわけです。

それでも天竺は遠かった
――日本人がインドから西を認識しきれない構造上の理由

川勝――板垣先生が挙げられた個々の事実については、異論がないのですが、それにもかかわらず、やはり石井先生がおっしゃいましたように、天竺というところはたしかに遠かったように思います。

濱下先生から、国史・東洋史・西洋史という三本立ての、世界認識の枠組みについてご指摘がございましたが、それぞれの学問が対象とする世界や、第一義的に使用する言語を考えますと、国史と西洋史はいわずもがな、東洋史は、実際には漢籍を扱う学問です。ですから、サンスクリット文字、あるいは中東のアラビア文字を扱う学問は、日本の歴史学の伝統のなかにありません。エピソードはいろいろありますし、天竺が日本人に、あるイメージを生み出していたことも事実だと思いますが、もう少し明確な世界認識を問われると、やはりボコッと落ちてしまう構造になっていたのではないでしょうか。

一方、ヨーロッパのほうでは、インドからものが流れてくるだけでなく、語族的に起源を同じくするという理解ができましたから、より積極的にかかわっていかざるをえない。しかし、彼らは最終的には、その「オリエント」の大地に接吻できないんですね。エドワード・サイードがいったように、最後にはこれを無視する。無視するけれども実態としては無視できないという、まことにアンビヴァレントな存在として、インドがあるわけです。

これがまた、西洋経由のアジア認識が入ってきたときに日本にも反映して、ヨーロッパが陰《かげ》においた世界を、日本も陰においてしまうんですね。ここにも、日本人にとってインドが遠いという理由があるのではないかと思います。

石井――司会者は中立でないといけないんですけど、僕はどうも川勝さんのほうに……(笑)。

川勝――ところで、日本がアジアの盟主を名乗っていた戦前期に、そのアジアの範疇《はんちゅう》にインドが入っていたのかどうか。戦前期日本人のとらえた意味でのアジアの広がりが、はたしてインドにつうじるのか――。私はギリギリのところだったと思います。盟主の勢力基盤として想定されていた地理的範囲は、中国系の人たちが活躍している地域にほぼ一致していて、そういう意味では、さきにお話に出た孫文の「亜細亜」につながらないでもない……。

しかし、イスラムはどうでしょうか。大東亜共栄圏的な発想は、はたしてイスラム世界と相容れる素地をもっていたのでしょうか。

石井――復古革新派といわれて、大東亜共栄圏思想の中核的存在だったかのような印象のある、大川周明《しゅうめい》という思想家がいますけれども、彼は一方で、熱心にイスラム教――当時は回教といっていましたが――を勉強していて、『回教概論』(一九四二年)という書物も著していますね。

板垣――コーランも訳しています。

石井――大川はコーランを、『古蘭』(一九五〇年)と訳しているんですよね。あれ、ものすごくいい字だなと思ったんです。中国でもそう書くんですか。

濱下――そうです。コーランは、中国ではるかに早くから『古蘭経釈解』として翻訳がでているんですが、訓詁学的な注釈がついているんですね。

しかし、コーランは、本当は翻訳してはいけないんでしょうか。

板垣――いけないことはありませんが、翻訳されたコーランはコーランではない、あくまでアラビア語以外の言語による解説にすぎない、という考え方ですね。その点は、たとえばキリスト教の聖書が、何語に翻訳されても聖書であるのと違うわけです。

石井――しかし、それにしても、この大川周明の頭のなかにはイスラムがあったということになりますね。そうすると、やはり世界は日本と中国で完結してしまうのではなくて、もっと西のほうに視界が広がっていたと考えたほうがいいのか……。大川のもっていた世界観をどう位置づけたらいいのか、よくわからないような気がするんですよ。

板垣――ですから、日本人がその視点を失ったのは「戦後」であって、一九四五年まではずっと、皆がそういう世界を見ていたんですよ。

石井――そのへんは異論があるんですけどね(笑)。

板垣――たとえば、大隈重信《おおくましげのぶ》が当時の知識人を集めて一九〇七年に創立した大日本文明協会は、活発に啓蒙運動を行いましたが、クローマー卿の『モダン・エジプト』(原書は一九〇八年。邦題は『最近埃及《エジプト》』、一九一一年刊）の翻訳を刊行しました。それは、「わが国が韓国を統治するのに、イギリス人がエジプトをいかに治めたかはすこぶる参考になる」という趣旨で訳されたもので、これが日本版の序文にはっきり書いてあるんですが、じつは明治以降、日本の朝鮮半島にたいする認識では、必ずエジプトがセットになっていたんですよ。それから、中国に対比されるのはトルコ。オスマン帝国の現状をどうとらえるかという問題と、中国認識とが、絶えずセットになっています。

ですから、アジアの東のほうだけをみていて、オイルショックやイラン革命や湾岸戦争が起こったときだけ、西のほうとのつながりに気づくというのは、ごく最近のことでしょう。

川勝――たしかに、戦前の日本では、トルコやエジプトにたいする関心はありました。とくに第一次大戦でヨーロッパが域内の問題に忙しくなりますと、日本がその間隙《かんげき》をぬって、東南アジアから環インド洋圏にかけて乗り出してゆき、西のほうもきわめて重要な方面として認識されてくる。しかし、これはイスラム世界に関与するというよりは、日本人にとっては大英帝国の領土内に参入したという意味合いをもったように思います。

その当時は、大日本帝国として大英帝国的なシステムをつくらねばならないという意識もありましたから、各地の日本領事館も、エジプトやトルコ、あるいはバグダードで起こっていること、たとえば鉄道の建設状況などについて熱心に情報を送っていました。いまのお話にもありましたように、朝鮮支配や台湾支配に大英帝国の手法を応用するという目的があったのでしょう。

これらは日本にとって、イスラム世界そのものにたいしてではなく、英国の勢力圏との対抗意識が下敷きになっている。それをバネにアジア域内の共感を育もうというわけですから、この時代の日本のアジア観は、インドから向こうを含まない構造になっていたのではないかと考えられます。

日本人とイスラム教
――庶民レベルに浸透した理解か、ステレオタイプか

石井――当時、日本人でイスラム教に改宗する人もかなりいたんでしょうか。

板垣――日本人のムスリム(イスラム教徒)は、明治以降、いろいろなかたちで出現します。第一号は茶道の家元なんですよ。小松宮彰仁親王《こまつのみやあきひと》のイスタンブル公式訪問(一八八七年)にたいする答礼として、一八八九年にトルコ(オスマン帝国)のアブデュルハミト二世が、エルトゥールル号という軍艦を日本に派遣したんですが、これが各地に寄港したのち、一年後に紀州沖で台風にあって沈没してしまうんです。それを地元の人たちが一所懸命助けて、救助されたトルコの水兵たちを日本の軍艦がイスタンブルまで送り届けた……。

坂本――潮岬に記念碑がありますね。

板垣――和歌山県串本町《くしもと》ですね。日本ではほとんど忘れられてしまったが、トルコではいまでも有名な話です。日本では、全国からその事故の犠牲者にたいする義援金がたくさん集まりまして、それを茶道宗徧《そうへん》流家元第八世の山田寅次郎《とらじろう》(一八六六〜一九五七)がトルコまで届けに行ったんですね。そこでムスリムになっちゃった。

そのほか、中国大陸や東南アジアでムスリム住民と交わって改宗する者もいれば、ロシアから日本にやってきたタタール人のムスリム――アブデュルレシト・イブラヒム（一八五七～一九四四）という人ですが、トルコ的連帯を求めて、トルコ語で話の通じるところを東へ東へと旅してきたら、敦賀《つるが》港に着いてしまった――と一緒に行動するうち、インドで改宗する者もいた。これは、日本人としてはじめてメッカ巡礼をした山岡光太郎（一八八〇～一九五九）という人です。

さっき濱下さんが、日本のなかにもアジアとの多様なつき合い方がありうるという話をされましたが、まさに、いろいろな場所で、いろいろな人間どうしの接触をつうじて、微小な存在ながら、日本人ムスリムが現れてきたんですね。

石井――キリスト教の場合ですと、存在はそれほど大きくなくても、近代の日本にそれなりの影響力をもちましたが、イスラム教がそういう広がりをもたなかった理由はどこにあるんでしょうね。

板垣――十九世紀以降の世界の勢力図を考えれば、キリスト教とイスラムでは、おかれている条件がまったく違いましたし、だいいちイスラムには、布教活動というものがありませんからね。イスラムという宗教のよさは自然に理解されるので、宣伝の必要はないという考え方なんです。

濱下――イスラムについて、私としては、東南アジアや中国の周辺にずっと広がっているという、海と結びついたイメージをもっているんですね。しかし、日本における一般的な感覚では、何かこう、砂漠の景色と重ね合わせるような、そういう偏《かたよ》った理解がなされてきた感じがあるんですけれども。

板垣――「月の砂漠」とか……。たしかにそうしたステレオタイプ的な認識が、昔からなかったわけではないが、これもやはり、一九四五年を境にかなり偏ってきたんじゃないかと思いますね。それまでは、東南アジア、中国のみならず、いろいろな地域で、日本人がムスリムと接触する機会があった。たまたま一知識人としての大川周明がコーランを知ったということではなく、もっと庶民的なレベルで理解していた面があると思うんです。

ほかにも、たとえば日本が世界の貿易に参入しようすれば、真っ先にボンベイに領事館を開かなければならないし、日本の船会社が定期航路を開くのであれば、当然、拠点としてイラクのバスラを思い浮かべることになります。

石井——おっしゃることは非常によくわかるんですけれども、はたしてそれが一般の知識体系のなかに入っていたのかどうか。たとえば、いまバスラという地名を聞いて、すぐにわかる日本人がどのぐらいいるだろうかということなんです。ボンベイにしても、いまおっしゃったような意味で意識している日本人は、きわめて少ないと思うんですよ。つまり、板垣さんのご議論は、板垣さんの学問のなかから出てきたもので……。

板垣——いや、ボースをかくまっていた中村屋の店員さんたちは、ペルシア湾岸までわかった気になってたんじゃないか(笑)。

石井——いや、わかってないと思うな(笑)。一緒にいるんだから、ボースがどんな人かはわかったかもしれないけど、むしろ本当にわかったのはカレーだけじゃないかな、という感じがするんですよ(笑)。

「大トルコ世界」というアジア認識の存在
――西方からの親密な視線

坂本――たしかに戦前は、いわゆる「アジア」とされる地域に何となく親愛の情を感じるということはあったかもしれませんね。それは単純に、アジア主義的な感覚が強固だったという意味で。要するに、植民地支配を受けているとか、共通の運命を負っているとかという認識――言い換えると、どういう根拠であれ、「アジア」という意識が戦後より強かったので、イスラム社会やインドにも関心をもち、交流もあった。大川周明にしても、もともとは単にインド哲学に興味をもっていたのが、現代のインドがイギリスの支配を受けていると知って、にわかにアジアの問題に目を向けたわけですから。

そういう人間的な親しみの情にもとづいている場合には、たしかにアジアの像がかなり生き生きとしたものであっただろうとは思います。ただし、一般の人が思い描いていた「アジア」という地域が、厳密にアジアであったかどうかについてはまた別の問題がありますけれども。

逆に、当のイスラム世界で、「アジア」という概念がどれほど意識されてきたのか……。

板垣――さっきお話しした、アブデュルレシト・イブラヒムでいえば、トルコ語を追いかけて日本に着いたからには、日本もトルコ、中国はいうまでもなくトルコ(笑)。トルコ語世界という意味でアジアを意識しているんですね。そして、ロシア帝国のもとでのトルコ民族の解放のためには、日中友好が非常に重要だというようなことを、日本の政治家に一所懸命説くわけです。

石井——彼はそのとき、「アジア」という言葉を使っていたんですか。

板垣——もちろん使っていました。

石井——板垣さんはいつもそういうかたちで、西のほうから見ておられるから、トルコ人の意識もきわめてスッキリと理解できるんですね。しかし、繰り返しになりますけど、その知識が日本人に共有されなかったのはなぜなんだろう。私としては、戦後どころかはるか昔から、日本人の知識体系のなかに、そうした認識を阻むものがあったような気がしてしようがないものですから。

ただ、いまのお話を聞いてなるほどと思ったのは、一九八三年にメキシコで開かれた、世界文化政策会議でのことなんです。たまたまユネスコの関係で私も参加したんですけれども、トルコの代表が私のところにやってきて、日本人だとわかると、日露戦争の話をはじめたんです。そのなかで、「われわれアジアは……」という言い方をするんですね。僕はトルコの人からそういわれてびっくりしたんです。

板垣——アブデュルレシト・イブラヒムにとってのアジアは、日本人がアジア主義という言葉で考えるようなものとは違って、トルコ人の自立、つまりは、ユーラシア大陸を見渡した大トルコ世界の統一を構想するさいの、一つの戦略的な言葉として使われた面がありますね。

彼は、最後は東京の代々木にあったモスクのイマーム(指導者)になって、一九四四年に日本で亡くなるんです。さっきから私は、一九四五年以後、日本人のアジア認識からイスラムが抜け落ちたといっているんですが、これこそ象徴的ではありませんか。ロシア帝国主義のもとで東方諸民族の解放・自立の要求を体現してきた人物、中央アジアの今日を予告していた人物が、一九四四年に、日本人一般から忘れられた恰好《かっこう》で、東京で亡くなった、この亡くなり方は……。

一九四五年、日本は世界戦略を喪失した
——自分の目で世界を見なくなった日本

石井——板垣さんのお話では、一九四五年に日本人のアジア認識がガラッと変わったということでした。

板垣——非常に近視眼的になったといいますか、アジアの東のほうだけを取り出して、近くしか見えなくなってしまった。

石井——アジア、アジア、といってきたのが急にバサッとやられたことで、新しい認識をもたざるをえなくなったんでしょうか。

板垣——日本の歴史をつうじて、それまで存在しなかったようなアジア認識、世界認識が出てきたともいえます。

川勝——一九四五年の区切りは、イスラム世界が切り落とされただけでなく、戦前までの日本の世界認識がいっぺんにぺしゃんこになったという意味がありますね。日本は一九四五年で完全に破綻《はたん》した。日本が盟主であったはずの中国にも負け、もちろん米英にも負けたということで、これまでの

発想をすべてくつがえされた。

僕は、東アジアというのはヨーロッパ人からみると、おそらく非常にわかりにくい地域なんだろうと思います。インド学とか、オリエント学、中東学などは早い時期から発達しましたけれども、中国学や日本学は比較的新しく、隔靴掻痒《かっかそうよう》の感があるのではないか。その意味では、東アジア世界に相対的な独自性を認めることもできます。日本が、そういう独自性を主張して失敗し、解体したのが一九四五年。その結果、東アジア認識については中途半端なヨーロッパ流の世界認識が入ってきた。先ほど話に出たＡＡ会議ではありませんけれども、日本もインドもアフリカも「アジア」です、といわれてわけがわからなくなってしまったというところでしょうか。

しかし、それにもかかわらず、欧米にたいする対抗意識はなおも残っているような感じがします。それが、皮肉なことに共産党の思想に現れているのではないかと思うんです。第二次大戦で中国は戦勝国になりましたが、毛沢東の中国共産党は、欧米流の自由貿易主義にたいして国を閉じ、一つの自給圏をつくるという意味で、一種の鎖国主義的な思想でやってきましたよね。じつは、日本の共産党がこれに似て、非常に自国中心的な発想をしている。つまり、この共産党の思想が、旧来の大アジア主義的な対抗意識を引き継いでいるように思うんです。

石井――あ、それは面白い。

濱下――一九四五年がもつ断絶性も重要ですが、私は一方で、この年を特別視するばかりでなく、その前後の連続性を見出していくことも、一つの課題なのではないかと考えているんです。六〇年代あるいは七〇年代初頭までは、四五年の区切りの意味を直接に反映する時代でしたけれども、いまの時点に立つと、すでに別の見方が必要になってきていると思います。

たとえば、一九三〇年代から戦後まで一貫して、日本は少ない資源でモノをつくってこなくてはならなかった。その環境にどう対応してきたか。四五年直後はともかく、やはり戦後のいわゆる「傾斜生産方式」と連続しているものがあるのではないか。

川勝――経済的な連続性は、はっきりと見出せます。大英帝国のシステムに対抗して、日本がいわば東洋のイギリスとして帝国のシステムをつくろうとしたとき、日本には資源がなかった。それで、鉄鉱石も、綿花も、石油も輸入した。おもにアメリカからです。戦前の日本は、こうした不可欠の資源を、帝国の領土内で手に入れられるシステムをつくろうとしたわけですけれども、結局は実現できませんでした。戦後もそのまま、原料供給国、技術提携国、輸出市場を求めて、世界に依存しつづけることになりました。こういう日本の発展のかたちは、戦前から戦後まで、連続しています。

濱下――そうなんです。それから、たとえば二十世紀をどう評価するかというときに、戦後だけでなく、明治からの連続性を視野に入れると、そこからさらに遡《さかのぼ》って、先ほど申しました、徳川時代からの国学・漢学・洋学というアジア認識の枠組みなども意識しながら取り組むことができると思います。

板垣――そういう意味では、すでに指摘された、アジア主義と脱亜論、小国意識と大国意識、辺境意識と中心意識のそれぞれの互換性、――つまり、本来は対立する概念の組み合わせが、日本の歴史上の世界認識においては、入れ換えが非常に容易である、という一種の便宜《べんぎ》主義は、一九四五年以降も、そのまま持続しているのではないでしょうか。

　要するに、一九四五年に何が変わったかというと、日本が世界戦略を失ったということですね。さかのぼれば、聖徳太子の世界戦略とか、日蓮の世界戦略とか、そのほかにもいろいろなレベルのものがあるわけですが、とにかくそういう類《たぐい》のものが全部なくなってしまった。捨ててしまった。それが、一億総懺《ざん》悔《げ》だったんじゃないかと思うんです。

石井――懺悔したまま新しい戦略がないわけですね(笑)。戦略というと物騒な感じもしますが、要は、世界をどう見るか、という枠組みを失ったんですね。

板垣――今日のこれまでの話を振り返っても、

アジア新図　A=オルテリウス作　1570年　財団法人東洋文庫蔵
当時，ヨーロッパで作成された典型的なアジア地図の一つ。中国や日本の描かれ方はごくあいまいである。

世界像の中身は別として、自分の目で世界を見ようとする姿勢を日本がもっていたという点では、一致していますよね。ところが、一九四五年で何かが切れてしまった。世界戦略をもつ気力を失ったという感じでしょうか。

「アジア太平洋」のわかりにくさ
——戦前のアジア主義、戦後日米関係の集積から飛躍し、言葉の主体的な再定義を

川勝——一九四五年に、日本型の帝国システムは英米型の帝国システムに完敗しました。以来、アメリカ型世界システムへの「擦《す》り寄り」がはじまり、今日にいたるまでずっと続いています。ですから、四五年の世界戦略の喪失《そうしつ》の結果、世界戦略を他人様任せにした、ということだと思いますね。

石井——それは、世界戦略の放棄《ほうき》ということですか。

川勝——放棄ですね。アメリカにお任せしたわけです。

しかし、戦後のある時期までは、誰が見てもアメリカが世界の中心でしたから、アメリカ型のイデオロギーにもとづく底の浅いアジア認識でも有効だったわけですが、アメリカもベトナム戦争で敗退し、相対的に力が落ちてきました。その結果、アメリカの枠組みでは必ずしもアジアを認識できなくなっているのが、いまの状況ではないかと思います。

石井——にもかかわらず、最近、われわれのゴチャゴチャしたアジア認識を精算しないまま、「アジア」といわずに「アジア太平洋」というようになってきたでしょう。範囲が広がったから、何となく

新しい世界認識をもったような感じがするんだけれども、じつはこの「アジア太平洋」という考え方もよくわからないですよね。どうして「アジア」だけではいけなくなって、「太平洋」をくっつけたんだろうか。私自身、いま頭が混乱しているんですよ。

板垣――やはり、アメリカを絶えずアジアに結びつけようとしている。

石井――大平元首相の環太平洋構想が尾を引いているんでしょうか。

坂本――アジア主義という語弊《ごへい》がありますけれども、戦前までの「アジア」という概念に、戦後半世紀の日米関係の歴史が堆積したのが「アジア太平洋」なのではないでしょうか。日本にとっては、アジアとも関係があるんだけれども、アメリカとも関係があって、これを維持しなければいけない。だから「アジア」というだけでは心許《こころもと》なくて、「アジア太平洋」になったという感じですね。

板垣――ということは、環太平洋とも違うんですよ。「アジア太平洋」というときに、中南米はあまり考えていない。

石井――そうか。なぜ中南米が入らないんでしょうね。

板垣――理論上は入るが、視野には入ってない。

坂本――結局は、そのときどきの文化の状況や政治的な要請で、非常に柔軟に変化する概念だということですね。

石井――柔軟すぎる(笑)。

坂本――ですから、こういった言葉は、その根拠を考える一方で、実際上の必要に照らして使っていくことも大切なのだと思います。たとえば、岡倉天心が「アジアは一つ」といったことによって、根拠は何であれ、とにかくその概念が存在することになり、イスラム世界への関心も深まった。では、いま「アジア」もしくは「アジア太平洋」という言葉に、われわれはどんな効果を期待するのか。そういう順序で言葉をとらえることもできるわけです。

石井——そうすると、将来に向かって、たとえばどういう方向が考えられるんでしょうね。

坂本——逆向きの答えになってしまうんですが、その実際上の観点でいうと、はたして「アジア」という言葉を語ることで、何か意味のある事態がもたらされるのかどうか、私は疑問に思っているんです。

たとえば、よく「アメリカ対アジア」とか「アメリカかアジアか」とかといった言い回しが使われますけれども、この場合の「アジア」はいったいどこをさしているのか。「アジア」は政治的な統一体ではないし、まして文化的統一体でもないわけです。「アジア」という言葉で思い浮かべるのは、人によって中国だったりASEANだったりする……。アメリカや中国は一つの政治体ですから、「アメリカ対中国」ならわかるんです。しかし、「アメリカ対アジア」という問題の立て方は、かえって思考を混乱させるだけなのではないか、……いや、そもそも意味がないのではないでしょうか。

私は、漠然とアジアというよりも、むしろそのなかの個別の地域を具体的に掲げて、それぞれに関心をもち、そこと日本がどのように関係すべきかを考えるほうが有効であるような気がします。

石井——それは、とても大事なポイントだと思うんです。結論として、残念ながら今回の特集は意味がなかったということで、これで解散したりして……（笑）。

板垣——むしろ、それだからこそ、この特集が大いに意味のあるものになるわけですよ。漠然とした「アジア」という概念を、われわれ自身で、実際にどこまで組み立て直していけるか、主体的に再定義できるか、ということがこれからの問題になるわけでしょう。坂本さんがいわれたように、言葉は柔軟に変化するのだから、ますますそうした組み替えを積極的にやればいいと思うんです。

石井——「アジア太平洋」という日本語と、"Asia-Pacific"という英語は、どっちが先にできたんですか。つまり、アメリカ人がいいだしたのか、日本人がいいだしたのか。

板垣——英語のほうが先でしょう。

石井——そうすると、それをまた日本が輸入した。つまり、アメリカがアジアを抱え込む必要を感じて"Asia-Pacific"という言葉をつくり、その世界認識を再び日本が借りたわけですね。

世界はすべて「脱亜」の過程にある
——旧文明を離脱した「太平洋世界」は、東洋も西洋もない共同の場

川勝——"Asia-Pacific"もまた、戦後のアメリカをつうじた世界認識の流れのうえにありますね。

ここでちょっと別の見方をしますと、このアメリカの時代にあって、相対的にアメリカを批判できる位置にあったのは、ソビエトと中国でした。いわゆるマルクス主義的な見方ですね。マルクス主義がもともとヨーロッパで生まれたことを考えますと、じつは、戦後世界はきわめてヨーロッパ

的な世界観に支配されてきたととらえられます。

戦後のアジア的生産様式論争も、ヨーロッパとは違う「アジアの独自性」をいっているんですが、その根拠は、結局、ヨーロッパ的な世界史の基本法則に照らした「アジアの後進性」です。ここには、ヨーロッパの文献を読み込むことでアジアの後進性を論証していくという、転倒した解釈体系があります。

しかし、「アジア」を十把一《じっぱひと》からげに後進地域としてまとめられる時代は終わりつつありますし、アメリカ的世界認識を克服しようとしたソビエトと中国も、一方は崩壊、もう一方も当初の目標は達せられずに、社会主義市場経済に移行しました。もちろん、かつての日本がもっていた、日本・中国・朝鮮を統一的にとらえようとする世界観も、一九四五年で破綻《はたん》しました。

これはいずれも、アジアを一つのものとしては論じられないという教訓を示しているのではないでしょうか。今度は「アジア太平洋」といって「太平洋」がくっつきましたけれども、これは、「アジア」という概念がついには消えていく過渡的現象なのではないかという気がします。やがて「太平洋世界」ができていく過程のなかで、いまのところ「アジア」という残滓《ざんし》がついている。「アジア太平洋」という言葉の座り心地の悪さは、そこからきているのではないでしょうか。

板垣――過渡期というよりは、未練ですよ。「未練のアジア」(笑)。

石井――そうすると、二十一世紀には太平洋が地中海になる――かつての極東と極西が、太平洋を媒介として、いわば世界の中心になるというわけですね。

板垣――僕は、歴史的に何らかの文明的充実をもつ地域として、ユーラシア、インド洋、地中海・アフリカという三つの円環が三つ巴《どもえ》にあり、それらを表世界だとすると、そのすべてから離散した人々で成り立った裏世界が、アメリカ大陸であると考えているんです。その表世界と裏世界を隔ててきた太平洋が中心になるということは、まさに本当の意味でのグローバリゼーションといえますね。

川勝――私は、文明の調和する場というよりも、むしろそれ以前の、東洋もなく西洋もない、本来の世界の原型に近い場と考えたらどうかと思っています。

濱下――定型的な世界の中心と考えずに、いろいろな主体が、いろいろなところから参加してきて、それぞれの位置を占めるというイメージがぴったりするのではないでしょうか。もちろん、それはあくまで理念的なもので、現実的には、たとえば日付変更線をどこへもっていくかというような問題も出てきます。これを大西洋に移すなどというのは、相当面白い検討課題であるとは思いますけれども、それはまた別のテーマですね。

日本の場合、中国の近くにあって一千年以上のつながりがあり、それからヨーロッパ的認識での百年、そしてアメリカを通した世界観を五〇年経験してきたわけです。そのうえで、これから改めてアジアを考えるというとき、もう、横並びの国と国との関係のなかで、どの枠組みに入っていくかということではなく、一つの国のなかにも多様な広がりがあるということを前提に、そのいろいろなものが混ざり合いながら関与していく場を想定したほうがいい。そこに、これから取り組むべき問いが存在しているのだと思います。

いまの川勝先生のお話では、戦後五〇年のアメリカの時代も、結局はヨーロッパ的価値観が支配していたということだったんですけれども、裏を返せば、日本や朝鮮半島、あるいは東南アジアなど、中国の周辺的存在であったところは、近代以降いずれも、中華世界から脱するためにヨーロッパをうまく活用したという見方も成り立ちますね。あるいは先ほどの、華夷秩序に内在する歴史サイクル、地域全体での中心と周辺のバランスという長い時間で考えますと、そのサイクルのなかのある一つの段階における中華に対抗する一つの表現手段として、アジアの知識人は十九世紀中葉にヨーロッパの語彙《ごい》を用いたとも考えられるわけです。

川勝――中国からの自立が、ヨーロッパを媒介にしてなされてきた――それをもし「脱亜」と言い換えますと、近代ヨーロッパがアイデンティティを形成した歴史的過程も、「オリエント」からの離脱が不可欠だったという意味で、「脱亜」と整理できるように思います。そして、実はイスラム文明も、自己認識を確立するためには、同じようにアジアから脱することが必要なのではないでしょうか。

いま日本で、かつての「脱亜」にたいして「入亜」の必要性が唱えられていますけれども、その場合の「入亜」の「亜」は、中国を中心とする東アジア、それからＮＩＥＳやＡＳＥＡＮの地域ですね。そこに入っていくというのですが、これらの地域を改めて見直すと、朝鮮半島、台湾、シンガポール、いずれも「脱中国」の過程をへて自立して、今後、中国に影響を与えていこうとしています。ということは、じつはこれも「脱亜」、つまり「脱旧文明」の過程にあるわけです。

では中国はどこに行くのか。これを、相変わらず「脱亜」の「亜」、旧来の「アジア」と考えていいのかというと、いまでは中国も、市場経済でアメリカと対抗しようという、一つの大きな勢力になろうとしています。これもまた、旧来の中国から離脱するという意味で、「脱亜」である。

要するに、アジアの諸地域が「アジア」を落としていく過程です。それぞれの地域が、非常に漠然とした、ぬえのような概念である「アジア」、自国の内なる「アジア」から離脱して、自立していく過程です。

したがって「アジア太平洋」という概念も、やがて「脱亜」の過程を経て、「脱旧文明の世界」としての「太平洋世界」が構築される契機を含んでいるように思います。

アジア・ネットワークの時代
――大陸的発想から、点と点を結ぶ多島海的世界へ

濱下――今後、「アジア」という概念は、求心力としてよりも、むしろ拡散、あるいは拡散したもののネットワークやかたちを変えたダイアスポラ（離散）を示唆するものとして考えていくべきなのかもしれません。たとえば、華人はもとより、韓国系の人々、ベトナム系の人々は、世界中に拡散しているわけですけれども、彼らが、いままでのように単に離散した状態ではなく、ネットワークをつくって、逆に本国に影響を与えるようになってきている。これは制度でもないし、市場でもないわけです。かつての強制移民までが、いまではネットワークとして機能しているというのは、いわば歴史の逆説であって、もう一度歴史を読み直さざるをえないですね。「アジア性」というものに、こ

のような性格も加わってきていることを、同時代の問題として考えなければいけないと思います。

川勝――歴史的な経緯としては、強制や貧困のために、いろいろなかたちの移民がありましたが、それがいま、前向きな役割を果たしつつあります。歴史的に分断されていた部分を「つなぐもの」として、アジアの移民が再登場してきています。

そうすると、「脱亜」「脱アジア」を論じる場合にも、大陸的な発想にかわって、海というものが意識されるようになるとはいえないでしょうか。世界は一国で完結しえない。お互いに海によってつながれている。したがって、そこに位置づけられた自己は、いわば島的な存在です。私は、そういう認識を共有した世界に将来性があるように思います。

太平洋というところは、インドネシア、フィリピン、日本と、もっともたくさんの島からなる世界です。現在、「アジア太平洋」のうちの「アジア」という言葉でイメージされているのは、台湾なり、シンガポールなり、フィリピンなり、まさにこういう島的世界ですが、じつはアメリカも、将来は中国も、もはや大陸的世界として完結することはできないのではないか……、太平洋に、一つの多島海的世界が成立する可能性があると思います。

石井――大賛成です。面の支配を基本とする大陸的発想にたいして、島的世界は、つねに点と点をつなぐネットワークの世界ですよね。そういう島的世界を、大陸のなかにも見出していく――。

たとえば、ずっとさかのぼって、マルコ・ポーロが歩いた中国大陸にしても、われわれは、あの領土を全部支配する元という大帝国を考えがちなんですが、島的な発想をすれば、あれもまた、オアシスか何か、点をつないで描かれる世界なんですよね。

坂本——私は、いま出ている陸か海かという議論について、農業世界と商業世界の対比と置き換えられる部分があるように思うんです。陸、つまり面は、一定の領域を支配して自給するという農業的な意味をともないますから。

板垣——たしかに、面を支配することと農業とはつながっていると思います。だいいち農業というのは、それ自体、自然破壊ですよ。それから、聖書によれば、農民カインが遊牧民アベルを殺したのが、この世界の最初の殺人なんです。農業にはどこか、そういう破壊的な要素があるのかもしれません。

石井——しかし、農業がなかったら人間は生きていけないですよね。商業だけでは生きていけないわけです。

川勝——農業をするというのは、人間が狩猟・採集の生活から脱したときに、自然を人為的に改変しながら生きていくことを選んだことにほかならず、自然への作為は人間が一種の宿命として負ったものです。ですから、自然への作為を悪とみて、環境破壊だというのでは、人類の歴史自体を否定することになる。むしろ、残されたフロンティアをどう生かすか、どう自然を育てるか、と考え直したほうがいいように思います。

坂本——もちろんそうですし、実際には農業も商業も組み合わさって一つの経済圏をつくるんですから、それをことさら対立的にとらえる必要はないんですが、しかし、象徴的な、あるいは人間学的な観点からは、やはりさっき申し上げたような意味があると思います。

濱下――たしかに、農業を重視すると、どうしても領域というものに第一義的な価値がおかれますし、発想が排他的になります。そういう土地原理と排外思想が結びついた場合に、歴史的にどんなことが起こってきたかという教訓を踏まえて、これから農業をどう考えていくか。環境の一要素として位置づけていくのか、商業に組み込んでいくのか、いずれにしても、もうちょっと多様なかたちで農業をとらえるほうがいいかもしれません。

板垣――日本にはとくに、農業で国を立てるという、農本主義的な考え方が色濃くありますから、これを取り崩す必要があるでしょうね。

濱下――それは非常に役に立つと思います。日本の場合は、工業が発達した過程でさえ、農本主義的な思考で、一斉に「さあ工業だ!」と進んできたようなところがありますし、国づくりにおいて、政策的に農本主義を推進することで、排外的思考を形成してきたという過程が、歴史的にあったと思います。これからは、それを切り替える文脈を見出さなくてはいけない。

環境の問題にしても、ヨーロッパやアメリカでは、すでに悲観的な方向で基本的な結論を出してしまった観がありますけれども、アジアが、いわゆる統治的な農業をどう克服していくかということはこれからの課題であり、アジアが世界にたいして一つのモデルとなりうる、大きな分野だと考えられます。

たとえば中国では、都市部と農村部の中間に、町なり村なりが経営する郷鎮企業という産業体ができていて、農業をしながら手工業的な産業を興《おこ》し、しかも居住空間と共存している。都市と農村のあいだの一種の中間領域といいましょうか。そこに小城鎮(小都市)をつくろうとしています。これまでの実験では、天安門事件前後の時期に、農村から都市への流入人口を支えきれず、第一ラウンドは必ずしも成功ではなかったんですけれども、世界中で都市のスラム化や農村の過疎化が久しく問題になっているなかで、こうした試みは注目に値すると思います。ここにあるのは、やはり「つなぐ」というアイデアです。

石井——濱下さんがネットワークという言葉を出してくださったんですけれども、そういう観点からの議論に、われわれはあまり慣れていなかったような気がします。日本人は、士農工商以来、どうも農業を基本に考えるところがある。学問の世界でも、たとえばマルクス主義的な社会科学の分析において、商業はごく周辺的なところにおかれています。しかし、じつはその二つは両極分解してしまうものではなく、これからその統合を考えていこうというわけですね。いま中国の例を挙げてくださいましたけれども、非常に大事な問題を含んでいると思います。

坂本——ネットワークを考える場合、現実的な問題として、交通の発達の度合いを考慮に入れる必要があるような気がします。といいますのは、われわれのアジアにたいする基本的なイメージには、気がついてみると、地理的な近接性というものが大きく作用してきたと思うんです。アジアというのは日本から近いところだという、素朴な概念に支えられていた。ところが、いま実際に、東京からASEANの国々まで行くのと、アメリカまで行くのと、どっちが早いかわからないでしょう。

こうなると、「アジア」はわれわれにとって、ますます象徴としての意味合いを強くしていくだろうと思いますね。面の支配から点のネットワークへというお話は、そういう文脈でもとらえられると思いながら伺いました。

石井――リアルタイムのネットワークを考えたら、いままでのイメージはまったく意味をなくすでしょうね。

これから、本当に面白くなってきそうな感じです。皆さん、本日はありがとうございました。

（一九九六年一月十九日収録）

II

日本とアジア　思想の変遷

日本におけるアジア観
——脱亜論とアジア主義の両極をめぐって

松本健一

ブット・パキスタン首相の「アジア」

一九九六年一月に来日したパキスタンのブット首相は、学習院大学における講演で、二十一世紀は「アジアの世紀」である、といった。その発言の真意を考えるために、その言葉の前後をふくめて、講演の当該部分を引用してみよう。

もしも十九世紀がヨーロッパの世紀で、二十世紀がアメリカの世紀であったならば、二十一世紀はアジアの世紀であるということは、ほとんど疑う余地がないと思われます。長い間見下《みくだ》され、しばしば征服されてきたアジアは、二十一世紀の新しい経済と世界の現実のなかで、いままさにリーダーシップを取る瀬戸際《ママ》に立とうとしています。

ブット首相はここで、アジアがこれまで欧米（そして日本）によって植民地化され、「見下され」てきた歴史を踏まえつつ、しかし二十一世紀は「アジアの世紀」である、とほとんど断言している。アジアは二十一世紀において、「新しい経済と世界の（政治的）現実のなかで」リーダーシップをとるべき段階に立ちいたった、と。

この発言を読んだとき、これはある意味で、私の『近代アジア精神史の試み』（中央公論社、一九九四年）の結論部分とほとんどまったく同じ認識だと思わないわけにはいかなかった。実際、私はこう書いていたのである。

西洋のみが主体となった、リベラルな民主主義という普遍性を掲げての「歴史」は終わりをつげ、日本もふくめたアジア諸国が保持してきたそれぞれの地域固有性の原理にのっとった現地化による「繁栄」が、これからの世界史をつくる、ということである。もっといえば、「世界史のゲーム」のなかに、初めてアジアが主体として登場しはじめたのである。

この文章のなかにある、リベラルな民主主義という普遍性を掲げての「歴史」、という部分は、直接的にはフランシス・フクヤマの言説（『歴史の終わり』）をさしているが、もっと広くいえば、アメリカの世紀という意味になるだろう。そうして、アジアの現在の「繁栄」によって、はじめてアジアが「世界史のゲーム」に主体として登場しはじめた、という部分は、ブット首相の、アジアは「二十一世紀の新しい経済と世界の（政治的）現実のなかで」リーダーシップをとるべき段階に立ちいたったという条《くだ》りに照応しているだろう。

こういったアジア観は、むろん、歴史が新しいステージに入ったという認識なしには生まれない。従来、アジアのイメージは「貧困」「停滞」「専制」といったもので、すべてマイナス・イメージだった。それが決定的に変わりはじめたことを示しているのが、ＡＰＥＣつまり「アジア・太平洋経済協力会議」の発足であったろう。

日本が「経済大国」とよばれるようになった一九八〇年代に入って、アジアは「成長」といったイメージを強烈に押しだしつつあった。そのアジアを視野に入れたＡＰＥＣが発足したのは、東西冷戦に終止符が打たれたベルリンの壁の解体と同じ、一九八九年のことだった。つまり、米ソを二極とするイデオロギー対立が終わりを迎えると同時に、そのイデオロギー的な枠組み（パラダイム）のなかでは問題にされなかった「アジア」が、歴史の表面に大きく浮かびあがったのである。

ブット首相もおそらく、そういう世界史におけるパラダイム転換の意味を了解してだろう、次のようにいっていた。

……過去五十年にわたって国際問題に秩序と安定をもたらしてきた構造は、すでに崩壊しました。

東西対立という単純な二分法のもとで、二つの超大国を中心とする同盟が他のすべての二国間関係ならびに多国間関係を消耗し尽くした冷戦構造は消滅しました。

しかし、この急激な変化は一九九〇年に冷戦が集結した際に多くの人々が予期した「平和の配当」としての社会的・経済的変革をもたらしはしませんでした。むしろ、イデオロギー的明確さの喪失は、一般民衆を混迷に導くこととなりました。

このブット首相の発言に従えば、東西対立(米ソ対立)という名のイデオロギー的な枠組みが取り払われてみると、世界はわけのわからない(不明確な)時代に入っており、その混迷のなかに「アジア」という新たなパラダイムが新しく浮上してきた、ということになる。つまり、一九九〇年代の「アジア」はそれまでのアジアとは大きな変化を遂げはじめている、という認識だった。

ヨーロッパとアジアのはざまで

このようなブット首相のアジア認識にたいして、学習院大学の学生および関係者、つまり日本人がどのような反応を示したかについては、残念ながら、伝えるところがない。しかし、おおよそのところは、察することができる。

簡単にその反応を要約してみれば、二つになろう。一つは、——アジアが経済を主体に大きな変化を遂げ二十一世紀は「アジアの世紀」になる、というのは、そのとおりで、もはや欧米中心の世界史は終わった、という賛成の意見である。もう一つは、——いやアジアの現実はあいかわらず「貧しい」。成長をみせているとはいってもそれはシンガポール、台湾、韓国……など一部の地域にすぎない。それに、欧米のような民主主義や人権意識はまだまったく根づいていない、という反対の意見である。

この賛否両論は、数年前、埴谷雄高《はにやゆたか》と吉本隆明《よしもとりゆうめい》のあいだで行われた論争の、「アジアに絶対的貧困が残っているかどうか」の問題にも重なるものだろう。要するに、それは、幕末に日本が「夷《い》の術を以て夷を制す」（佐久間象山《さくましょうざん》）という国家戦略をとるようになったころからの、アジア観の二極分解の変奏といっていいのかもしれない。

日本は古代から、日本は独自に日本であろうという衝動を内につちかってきたが、それが鋭角的に顕在化したのが、幕末という時点だった。佐久間象山の「夷の術を以て夷を制す」という戦略は、直接的には、アヘン戦争（一八四〇〜四二年）によって老大国の清《しん》がイギリスにあっけなく敗退をしてしまった、その衝撃から生みだされたものである。外国（西洋）のより進んだ文明——「術」は技術のみならず芸術さえふくむもので、文明の術（手段）といってもよい——を手に入れ、そのことによって外国に対抗できる国づくりをする、という戦略である。

ここには、外国（西洋）に負けまい、とする日本のナショナリズムのみが顕著であって、対アジア、もっといえばアジアとは何か、などという意識はあまり強くないのかもしれない。とはいえ、イギリスに敗退した老大国の清、という現実は、象山のパースペクティブに入っていた。彼がアヘン戦争直後の天保十三(一八四二)年に書いた「海防に関する藩主宛上書」には、老中で海防掛《がかり》であった松代藩《まつしろ》主(真田幸貫《さなだゆきつら》)にたいして、次のような推論が述べられている。——イギリスは清国との戦争が「片付次第《かたづき》」、日本に「交易」を申し入れてくるだろう。そして、もし幕府がそれを許可しない場合は、アヘン戦争のときと同じように、日本に「兵艦」を「差向け」てくるにちがいない。いずれにしても、「本邦へ対しイギリス夷の野心を懐《いだ》きまかりあり候事は、実《まこと》に相違なき義」である、と。

それゆえ象山は、イギリス(西洋)によるアジア侵略という現実認識のうえに、これに対抗すべき日本の戦略、つまり「開国」という海防策を提言したのである。これは、究極の攘夷のための開国、と要約できるものだろう。

このように、幕末の日本にあって、イギリス=西洋と、清=アジアが、対極に位置するものと意識されはじめた。その両極を視野におさめつつ、日本は究極の攘夷のための開国という、矛盾をふくんだ、アンビヴァレントな方策をとりはじめたのである。こういう象山の先駆的な開国思想は、しだいに幕末志士のなかに浸透していった。ペリー来航(一八五三年)以後の日本を私たちは「幕末」とよんでいるが、その幕末において、攘夷派がしだいに開国の必要性を現実的に認識するようになるのである。

そのことはしかし、日本にあってヨーロッパとアジアが二律背反的なものとして意識されはじめた、ということでもある。文久二(一八六二)年、上海での交易の可能性をさぐる幕府の船に同乗していった高杉晋作《しんさく》の日記には、それまで尊攘激派だった高杉が、この、究極の攘夷のための開国、という戦略へと転じてゆく意識の変容がみてとれるだろう。そのきっかけは、上海でシナ=アジアがヨーロッパの圧倒的な力の前に蹂躙《じゅうりん》されている現実を目にしたことにあった。

高杉の五月二十一日(旧暦)の日記を引いてみる。――午前中、骨董店《こっとうてん》を歩いて書画をみたが、あとは一日中、上海という都会のことを考えてみた。ここでは、シナ人はほとんど外国人の使用人になってしまっている。イギリス人やフランス人が歩いてゆくと、シナ人はみなこそこそと道をよける。主権はシナにあるというものの、まったくイギリス、フランスの「属地」、つまり植民地にすぎないではないか。北京はここから三百里の彼方にあるというが、そこにはきっと昔からの中華の風(文明)が残っているにちがいない。そうであってほしい。しかし、翻《ひるがえ》って日本のことを考えてみると、わが国も十分に心しておかないと、同じような運命にあわないともかぎらない。ことは「支那の事にあらざるなり」、と。

岡倉天心「ヨーロッパの栄光はアジアの屈辱」

こういった幕末における日本のナショナリズムを引きつぎ、そうして「ヨーロッパの栄光はアジアの屈辱である」というテーゼを導きだしたのが、日露戦争(一九〇四〜〇五年)当時の岡倉天心であった。天心の有名な「アジアは一つ」という言葉は、実はこの、アジアは屈辱において一である、という歴史認識のうえに成立しているわけだ。その意味で、のちに大東亜戦争のスローガンに仕立てられた天心の「アジアは一つ」という言葉は、幕末の攘夷論の延長上にある、ということもできよう。

天心のアジアにかんする歴史認識について、その核心部分を引いてみる。(『日本の目覚め』一九〇四年、夏野広訳)

日本では、熱烈な愛国者たちが中国の義和団のように熱狂的に「攘夷」を叫んだのは、五十年前のことであったが、今はそのかげさえない。以来わが国の政治生活におこった大変革と、外国との接触によってえた物質的利益のために、西洋にたいするわが国民感情は一変し、祖父たちが何であのように西洋人に敵意をいだいたのか、理解にくるしむほどになってしまった。それどころか、アジア文明のかわりにヨーロッパ文明と提携しようとするわれわれの熱心のあまり、大陸の隣人たちは、われわれを裏切者、いや、ときには白禍《はっか》そのものとさえ見るに至った。

しかしながら、数代前の日本人の見地は、今日の中国の保守的愛国者のそれと同じであり、西洋の進出のうちに日本の破滅の危険しか見ていなかった、ふみにじられた東洋にとって、ヨーロッパの栄光はアジアの屈辱にほかならない。

天心が書いているように、日露戦争の時点から振り返ってみると、高杉晋作をもふくむ幕末のパトリオットたちが「攘夷」を叫んでいたのは、わずか四、五〇年前のことにほかならなかった。にもかかわらず、明治維新の変革を経て、「ヨーロッパ文明と提携」するようになった日本は、いまやアジアから「白禍」とみられている、というのである。何やら、大東亜戦争後にアメリカと一体化したかのような日本とアジアの関係に似ている。

ここには天心の現実認識がはっきりとうかがえるわけだが、彼はその現実認識のうえに立って、「ヨーロッパの栄光はアジアの屈辱である」といっているのである。しかし、彼は日本がその「アジアの屈辱」から脱出して、「日本の破滅の危機」を回避するためには、それまでのアジア文明のかわりに「ヨーロッパ文明と提携」するしか方法はなかった、とも考えているのだ。

そういう幕末から明治の現実を、岡倉天心は知っていた。そう考えると、私は数年前に司馬遼太郎《しばりょうたろう》が『「明治」という国家』(NHK出版、一九八九年)で、うめくようにいっていた次のような言葉を、あらためて想いださざるをえないのである。万延元(一八六〇)年に遣米使節となったあと、国家(幕藩体制)の改造に着手した幕府の小栗忠順《ただまさ》にふれた条り。

アメリカから帰ったあと、数年して小栗は、幕府の財務長官である勘定奉行の職に就いて金庫の中身を知り、ついで、こんどはお金を使うほうの陸軍奉行や軍艦奉行になり、さらには、これら幕府の軍制をフランス式に変えるべく設計し、みごとに実施に移しました。難事業で、矛盾にみちていました。武士制度という日本の伝統的なものを一挙に解体することは幕藩否定――つまり自己否定になりますからそいつには手をふれず、それを残したまま、直参の師弟を洋式陸軍の士官にし、庶民から兵卒を志願でもって募集するという、いわば新旧二重構造の軍制でした。とくに海軍を大いに充実させようとしました。ヨーロッパの帝国主義に対しては、ヨーロッパ型の国をつくる以外に、独立自存の方法がなかったのです。いま考えても、それ以外に方法はみつかりません。

司馬遼太郎がここで直接的に述べているのは、軍制改革のことだけだ。しかし、後段の「独立自存」という言葉が福沢諭吉の文明開化における理念であったことを思えば、言及されているのは近代化の全体にわたる改革といってもよいだろう。

ともかく、司馬はここで、幕末・維新の日本がそれまでのアジア文明（とくに中華文明）のかわりに「ヨーロッパ文明と提携」（岡倉天心）するようになった道すじを、日本の「独立自存」の方法は当時それしかなかった、とうめくようにいっていたのである。司馬は福沢諭吉の「独立自存」の思想を全面的に評価しながらも、福沢の「脱亜論」（明治十八年）については瑕瑾《かきん》（玉にきず）と評していたことがあるが、脱亜のほかに現実的な方法はなかったことも、いわば棒を飲み込むように了解していたのかもしれない。

福沢諭吉の「脱亜論」

幕末から明治の日本がヨーロッパ帝国主義の脅威にさらされ、「破滅の危険」を感じとったことは、何もアヘン戦争によるシナの敗北にのみよるものではなかった。一八五三年のペリー来航による「開国と通商」の要求、一八六一年のロシア軍艦ポサドニック号による対馬《つしま》占領……どれをとっても、日本が西洋による植民地化の危機のもとにあったことはまちがいなかった。

アメリカによる「開国と通商」の要求は友好的だったではないか、と反論する人もあるかもしれない。しかし、ペリーはあのとき、もし日本が要求を認めないなら、アメリカは「天理」にもとづいて戦争をはじめるとして、その際の日本降伏用の「白旗」さえ送ってきていた。この史実は、一九九五年に私が『白旗伝説』(新潮社)において明らかにしておいたとおりである。

文明開化の権化《ごんげ》とみられた福沢諭吉は、明治八(一八七五)年に刊行した『文明論之概略』に、自分の教え子の小幡篤次郎《おばたとくじろう》(のち慶応義塾塾長)の文章を引くというかたちで、次のように書いている。


外国人の我国に来て通商を始めしより以来、其《その》条約書の面には彼我同等の明文あるも、交際の実施に就《つい》て之《これ》を見れば決して然《しか》らず……。(小幡のいうように)米国の我国に通信を開くや、水師提督「ペルリ」をして一隊の軍艦を率いて我内海に驀入《ばくにゅう》(突入)せしめ、我に強《しい》るに通信交易の事を以てし、而《しか》して其口実とする所に、同じく天を戴《いただ》き同じく地を踏《ふん》で、共に是《こ》れ四海の兄弟なり。然るに独り人を拒絶して相容れざるものは天の罪人なれば、仮令《たと》い之と戦うも通信貿易を開かざる可《べか》らずとの趣意なり。何ぞ其《そ》の美にして其事の醜なるや。言行齟齬《そご》(矛盾)するの甚だしきものと云う可《べ》し。此際の形容を除いて其事実のみを直言すれば、我と商売せざる者は之《これ》を殺すと云うに過ぎず。

福沢はここで、ペリー来航の真意を、もしも日本が開国して貿易をはじめないというのなら、戦争をはじめて「殺す」といっていたに等しい、と要約している。この要約だけでも、福沢が単純な開化論者でなく、ペリーは日本に「文明」をもたらしてくれた恩人だなどと考えていなかったことが明らかになる。

文明開化の権化とみられた福沢諭吉は、西洋の文明国がアジアで何をしているかを、よく知っていた。たとえば福沢は、明治十六(一八八三)年の「安南《ベトナム》の風雨我日本に影響すること如何」(六月)や、「安南朝鮮地を換えば如何なりし歟《か》」(十月)といった『時事新報』の論説において、次のように書いていた。――世界の交通・通商は蒸気機関と電信とによって大いに発達したが、アジア人にとって重要なことは「彼《かの》文明力を利用する西洋人が東洋を侵略するの一事なり」。その「侵略」はすでに安南の地に及んだ。「安南は遠方の国にして、其《その》国が仏蘭西《フランス》の為に滅さるるも又保護さるるも、固《もと》より以て吾人の痛痒《つうよう》とするに足らず」。つまり、ベトナムは遠いから、それがフランスによって滅ぼされようと、保護領とされようと、われわれの知ったことではない。けれど、わが隣国の朝鮮がそうなったら、日本はどうするのか。朝鮮が西洋によって「侵略」されていないのは、それが西洋から「遠方」にあったからにすぎない、と。

福沢のこの推論から、かの悪名高き「脱亜論」までは、わずかに一歩である。つまり、アジア人たちは西洋が蒸気機関や電信といった「文明の力」によってアジアを侵略していることに気づいていない。それゆえ、福沢はそのアジアを「悪友」と見なし、これと手を切ってゆこうとするのである。「脱亜論」（明治十八年三月）に、いう。

されば今日の謀《はかりごと》をなすに、わが国は隣国の開明を待って共にアジアを興すの猶余あるべからず、むしろその伍を脱して西洋の文明国と進退を共にし、その支那朝鮮に接するの法も隣国なるが故にとて特別の会釈《えしゃく》に及ばず、正に西洋人がこれに接するの風に従って処分すべきのみ。悪友を親しむ者は共に悪名を免かるべからず。われは心においてアジア東方の悪友を謝絶するものなり。

この福沢諭吉の「脱亜論」は、ふつう、隣国アジア（この場合、中国と朝鮮）にたいする日本の「無情酷《こく》薄《はく》」（橋川文三）を示すもの、というふうに評価が下されている。しかし、現実主義者の福沢にとってみれば、アジアは西洋の文明の力による侵略の酷薄さに気づいていない。そういう亡国のアジアとは手を切って、むしろ「ヨーロッパ文明と提携」（岡倉天心）して自ら亡国の危機を脱してゆくべきだ、というのである。

そして、それが佐久間象山の、究極の攘夷のための開国という戦略と照応するものであることに、百年後の私たちは気づくのである。だが、それゆえに、「悪友」として手を切ったアジアにたいして、日本は永遠に後ろめたさを感じつづけなければならなくなるのだ。アジア主義という思想は、この後ろめたさの感情の反動に根ざしているのである。これは、近代の日本人が地方の故郷を捨て、都会へと出ていったがゆえに、心中に「望郷の詩」を低く歌いづづけなければならなかったのと、同様の心理構造である。近代の日本人における「ふるさと幻想」と「アジア幻想」としてのアジア主義とは、農村から都市へ、アジアから欧米へ、という道すじをたどった近代日本が抱え込んだ病理にほかならない、ということもできる。

改めていうが、この病理つまり後ろめたさの感情に、岡倉天心の「アジアは一つ」という言葉が甘く響いて、それはアジア主義を醸成《じょうせい》した。そうして、大東亜共栄圏という大いなる幻影をはぐくむことになるのだろう。

孫文の「大アジア主義」

だが、近代の日本人はアジアにたいして後ろめたさの感情を内に抱えつつも、欧米を理念型《イディアル・チプス》とした文明開化の道すじをたどるしかなかった。とすれば、孫文《そんぶん》の「大アジア主義」(大正十三年)という講演も、その道すじを変えることはできなかったろう。

大正十三(一九二四)年十一月末、孫文は広東で第一次国共合作を成立させたあと、上海から北京に向かう途中、日本に立ち寄った。孫文の直接的な要求は、中国への日本の利権を約束させた「対支二十一ヵ条」を撤廃せしめることであった。しかし、このもくろみは、中国革命への支援者であった犬養《いぬかい》毅《つよし》・頭山《とうやま》満《みつる》のやんわりとした拒絶にあって潰《つぶ》れたといわれる。

そこで、孫文はその直接的な要求を引っ込めて、間接的な日本帝国主義批判を行うことにした。これが、十一月二十八日の神戸高等女学校で行った講演、「大アジア主義」にほかならない。

孫文はいう。――「亜細亜《アジア》の復興機運」というものは、三〇年前の日本が欧米諸国との「不平等条約」の改正をめざしたあたりからはじまった。日露戦争のとき、自分はパリから帰国途中の船でスエズ運河にいたが、あるアラビア人が「あなたは日本の人であるか」と尋ねてきた。同じ黄色人種と見てのことらしい。どうしたのか、と問うと、「亜細亜の東方に在る国が欧羅巴《ヨーロッパ》の国家と戦って勝った」、と喜ばし気に話してくれた。そのときから、エジプトもトルコもアフガニスタンもインドも、とどのつまりアジア諸国の「独立運動というのが盛んになったのであります」、と。

――けれども、アジアの東側の国々にあっては、「亜細亜民族の復興」のためには、日本と中国の「二国の結合、連繫《れんけい》」というものが不可欠であるのに、それはまだできていない。なぜなら、それはヨーロッパの「唯物的文化であり、又武備武力によって現れる所の文化」つまり「覇道《はどう》」、いいかえるとイギリスによって代表される帝国主義にたいして、アジアの「王道を中心とする文化」である本質が理解されていないからにちがいない。今日の「大アジア主義」は「我東洋文明の仁義道徳を基礎」にした「王道」の文化でなくてはならない、と。

では、そのアジアの「王道」文化と、西欧近代の帝国主義的な「覇道」とは、どのような関係になるのか、また、その関係を、孫文は日本にどのようなかたちで期待したのか。

……勿論《もちろん》今日は我々も西洋文化を吸収しなくてはならぬ。西洋の文化を学ばなくてはならぬ。西洋の武力的文化を採り入れなければならないけれども、我々が西洋文化を学ぶというのは決して之《これ》を以《もっ》て人に圧迫を加えるのでなく我々は単に正当防衛のために使うのである。……我々の称する大アジア主義というのは、即ち文化の問題でありまして、この仁義道徳を中心とする亜細亜文明の復興を図りまして、この文明の力を以て彼等のこの覇道を中心とする文化に抵抗するのである。

あなたがた日本民族は、欧米の覇道の文化を取り入れていると同時に、アジアの王道文化の本質ももっています。日本がこれからのち、世界の文化の前途に対して、いったい西洋の覇道の番犬となるのか、東洋の王道の干城《かんじょう》となるのか、あなたがた日本国民がよく考え、慎重に選ぶことにかかっているのです。

この孫文の講演は、アジアもまたその「正当防衛」のため、西洋の武力的文化、つまり「覇道」を手に入れ、使わなければならないとなっており、これは佐久間象山のいう「夷の術を以て夷を制す」と同じような戦略を示している。あるいはまた、司馬遼太郎のいう「ヨーロッパの帝国主義に対しては、ヨーロッパ型の国をつくる」以外に生きのびる術がなかった、という感慨にちかい。もちろん、孫文はここで、アジアの「王道」という「文明の力」によって西洋の帝国主義に抵抗する、といっている。しかし、それができなかったからこそ、アジアの国々は西洋の(そして日本の)帝国主義の前に、次々と侵略されていったのではないか。

いや、ガンディーはその「インドの魂《たましい》」によって、ヨーロッパの帝国主義にたいする抵抗としてのアジアを実現してみせたではないか、そう反論することもできよう。しかし、ガンディーがもともとイギリスで法律を学ぶことを通して人権とか人間的（民族的）尊厳を意識したように、アジアはまずヨーロッパの「文明の力」の侵入を受け、これに「抵抗」をすることによって初めてアジアの意識に目覚めたのである。

この点については、私の『近代アジア精神史の試み』を参照してもらうとして、孫文の講演の末尾にある、日本は「西洋の覇道の番犬となるのか、東洋の王道の干城となるのか」、という二者択一的な問いかけの問題に戻っておこう。これは、二十世紀の帝国主義の時代にあっては、実は選択不可能な問いかけだったのではないか。日本が「東洋の王道の干城」となるためには、どうしても「夷の術」を手に入れ、自ら帝国主義とならざるをえなかった。そして、帝国主義となるかぎり、欧米諸国と同じように覇権競争に乗りだし、植民地を獲得してゆくしかなかった。

そこに、竹内好《よしみ》の、大東亜戦争（日本帝国主義のアジア侵略）はアジア主義者の主張の結果というよりも、むしろ福沢諭吉の「脱亜論」、つまり文明化の道すじの帰結であった、という仮説の正しさをうかがうことができよう。西田幾多郎《きたろう》が大東亜戦争（大東亜共栄圏）の理念化を志して、なお突き当たったアポリア（難関）が、これであった。

西田哲学の問題

西田幾多郎は昭和十三(一九三八)年の「日本文化の問題」において、帝国主義批判を行った。それは、西洋の近代主義(個人主義＝ナショナリズム)が必然的に覇権競争を生む、という考えに立つものであった。次のようである。

今日の日本はもはや東海の孤島に位する日本ではない、世界の日本である、ランケの所謂《いわゆる》大なるい、い、列強の一である。今日の我国文化の問題は、何十年来養い来った縦の世界性の特色を維持しつつ、之《これ》を横の世界性に拡大することになければならない。……主体として他の主体に対し、他の主体を否定して他に自己をなさんとする如きは、帝国主義に外ならない、それは日本精神ではない。

この論文は、ある意味で、幕末以来の日本のジレンマである「攘夷か開国か」の変奏を統一的に超えようとする試みであった。その問題意識は、「今日の日本はもはや東海の孤島に位する日本ではない、世界の日本である」という箇所に露骨に現れている。

つまり、大東亜戦争へとなだれこんでゆく時代は、私が〈第二の開国〉期と認識するテーマを内包しており、そのときに「攘夷か開国か」の変奏をもっとも真面目に考え、これを知的なアクロバットとして超克《ちょうこく》しようとしたのが、西田哲学なのである。大東亜戦争が一種の攘夷戦争として戦われたことは改めていうまでもないが、西田にとってそれは、いわば日本を世界に「開く」戦争として戦われるべきものであった。

日本を世界に「開く」戦争とは、何か。それが、日本の「何十年来養い来った縦の世界性」を「横の世界性」に拡大することだ、というのである。つまり、日本（精神）の世界化である。

では、日本精神とは、何か。それはナショナリズムにほかならない、というのが、当時もいまも一般的な理解であろう。これにたいし西田は、ランケのいう「大なる列強の一」となった「世界の日本」は、西洋の帝国主義とは異なる、日本の原理を明示しなくてはならない、と考えた。帝国主義とは西洋の個人主義＝ナショナリズムに発する、「他の主体を否定して他に自己をなさんとする」精神である。いわば覇権主義、孫文のいっていた「覇道」である。西田はその西洋の帝国主義を超克する原理として、日本精神をもちだすのである。

原理としての日本、あるいは日本精神について、西田幾多郎は次のように解説する。――これまでの日本は、「万世一系」の皇室のもとに自己完結する「縦の世界性」を形づくってきた。日本はそれを帝国主義的に世界に主張してピラミッド的な系にするのではなく、「横の世界性」として世界に拡大しなければならない。「横の世界性」とは何か。「八紘一宇《はっこういちう》」である、と。

八紘一宇または八紘為宇《いう》、とは、世界を一つの屋根のもとに置く、という意味だ。それは、まさしく日本帝国主義の世界統一、世界制覇のことになる。帝国主義批判をしている西田幾多郎の理論は、これとどうちがうのか。

昭和十八（一九四三）年の二月ごろ、西田幾多郎が国策研究会の佐藤賢了《けんりょう》（軍務局長）、永井柳太郎《りゅうたろう》、後藤文夫《ふみお》、岸信介《のぶすけ》らにたいして行った、大東亜戦争の指導理念についての講演（の原稿化）である「世界新秩序の原理」に、こうある。——十八世紀にあって、ヨーロッパは「個人的自覚」の時代であった。十九世紀はこれにたいして、「国家的自覚」の時代である。各国家が自己の権利を主張する帝国主義の時代、といってもいい。ところが、二十世紀は「世界的自覚」の時代である。各民族国家がそれぞれ「世界史的使命」を有しており、まず「それぞれの地域伝統に従って」、自己を超える「特殊的世界」を構成しなければならない、と。

この、それぞれの地域伝統に従った「特殊的世界」とは、英米ブロック、そして日本を中心とした大東亜共栄圏などをさしている。その「特殊的世界」が、道義的生命力（モラリッシェ・エネルギー）のもとに結合して——闘争か平和的統一か、について西田は明らかにしていないが——、「一つの世界的世界」が生まれる。これが「世界新秩序の原理」だ、と西田はいう。

今日の世界的道義はキリスト教的なる博愛主義でもなく、又支那古代の所謂《いわゆる》王道という如きものでもない。各国家民族が自己を越えて一つの世界的世界を形成するということでなければならない。……我《わが》国体は単に所謂全体主義ではない。皇室は過去未来を包む絶対現在（「永遠の今」——引用者註）として、皇室が我々の世界の始であり終である。皇室を中心として一つの歴史的世界を形成し来った所に、万世一系の我国体の精華《せいか》があるのである。我国の皇室は単に一つの民族的国家の中心と云うだけでない。我国の皇道には、八紘為宇《はっこういう》の世界形成の原理が含まれて居るのである。

西田はここで、西洋近代の覇道（帝国主義）でも、支那古代の王道でもない、わが国固有の「皇道」を指導精神とする、「世界的世界」の建設をいっている。この、いわば日本の世界化は、幕末以来の「攘夷か開国か」の変奏としての、脱亜論とアジア主義のジレンマを一気に、それこそアクロバティックに解決する試みであった。日本が中心となったアジア・ブロックつまり「特殊的世界」を形づくったうえで、その日本の皇道という「世界形成の原理」によって「一つの世界的世界」を実現するならば、「日本は果たして西洋覇道の番犬となるのかそれとも東洋王道の干城となるのか」という選択不可能な問いかけを、それこそ超克できるからである。

西田幾多郎の弟子たちは、この「世界新秩序の原理」が思想的に骨抜きにされて、軍事に媒介された政策論になってしまったのが「大東亜共同宣言」（昭和十八年十一月）にほかならない、という。しかし、私の考えるところでは、西田の「世界新秩序の原理」は、そのように日本（皇道）がアクロバティックにアジアとヨーロッパの相剋《そうこく》を乗り越えようとして行った、大東亜戦争の指導理念そのものなのである。

病理（分裂したアジア観）の克服

大東亜戦争の敗北後、日本は「あの戦争」について語ることを封印した。あれは、民主主義＝善にたいする、ファシズム＝悪の戦いであった、というアメリカゆずりの、通り一遍のレッテルをはって済ませたのである。そのことは、西田哲学があの戦争で破産したことの意味についても蓋《ふた》をした、ということである。

アメリカへの自己同一化の結果、アジアについて語ること自体をタブーにした。それをタブーにして、国際化という名の「西側諸国の一員」を強調するようになったのである。一九六〇年代の高度成長を終えて、「経済大国」とよばれるようになった八〇年代の大平首相の言葉（「確かな八〇年代の構築」『文藝春秋』一九八〇年二月号）には、こうある。

八〇年代というのは、優れて国際化時代というか、経済力を高めた日本が世界に目を向けて、積極的に貢献する努力をしないと、世界も納得しないし、日本人の誇りも許さない。……日本自体が国際的な地歩を確立してきたわけですから、国際的責任を進んで果たし、世界の安定と人類の進歩に貢献するということが、日本の経済、財政、政治、外交のすべてに当然の前提として織り込まれていなければならない。そんな時代に入ったと思います。

ここには、戦後の日本が世界史や国際社会のことを視野からはずして、ひたすら日本史内部をかたちづくってきた時代はもう終わった、という認識が示されている。「経済大国」の現実が、いちど封印した戦前の西田哲学（いわば「世界史の哲学」）をふたたび押しだそうとしていたのかもしれない。

そういった無意識的な意思は、この大平首相の発言をおさめた著書が『永遠の今』と西田哲学のキーワードそのままに名づけられていたことにも、明らかだろう。ただ同時に、ここには、日本という民族国家（＝部分）は国際社会という全体から孤立して排他的な地域主義を形成してはいけない、という敗戦によって刻印された強迫観念のようなものも底にうかがえる。

そして、冷戦構造が解体した一九九〇年代に入って、「成長」するアジア諸国はその日本の強迫観念を激しく打ちはじめるのだ。たとえば、アメリカのNAFTA（北米自由貿易協定）に対抗してEAEG（東アジア経済圏構想、のちEAEC）という経済ブロックを構想したマレーシアのマハティール首相は、この構想をアメリカに差し止められて次のようにいった。（『文藝春秋』一九九二年三月号）

アメリカは自分自身は貿易ブロックを形成できるが、東アジア諸国には、互いに話し合うことも許さないのです……我々は、自分たちの国々を「東アジア」と呼ぶことさえ許されない。「太平洋諸国」と呼べ、と言うのです。というのは、「太平洋諸国」と言えば、アメリカもその中に含まれるからです。

このマハティール首相の言葉(それにEAEG構想)は、戦後および高度成長後ひたすら「西側諸国の一員」たらんと務め、とどのつまり脱亜の道をたどっていたがゆえに心中にアジアへの後ろめたさを隠していた日本人の感情に、火を投じた。そこに、石原慎太郎の「アメリカがなくともアジアがある」(『「NO」と言える日本』)という発言が生まれてくるゆえんがあった。つまり、アジア主義の再燃である。

幕末から生じた日本の脱亜とアジア主義をめぐる相克の病理は、戦後、アメリカに自己同一化しているあいだは影をひそめていたが、消滅したわけではなかった。この病理は、日本はもともとアジアだったのにそのアジアを捨てた(いわば脱亜して自己を捨てた)と思うかぎりにおいて、ほぼ永遠に消滅することはないのである。

そうだとしたら、私が金美齢《キンビレイ》さんとの対談「アジアにとっての『日本経験』と『台湾経験』」(『発言者』一九九六年二月号)でいったように、幕末以来、いや有史以来「日本は日本の方を向いてきた」、と認識すべきなのではないか。

日本はアジアの文化や伝統をずっともらってきたわけですね。漢字、仏教、農耕、紙……道教まで、アジアのいいものをみんな学んできた。でもそれだけでは必ず欧米に負けると思ったら迷わず欧米の文明を学んできた。……アジア的共生と、ヨーロッパ的民主と、ふたつの理念も受け入れた。日本は受け入れ文化なんですね。要するに、欧米を向いているかではなく、日本は日本の方を向いてきた。

だから、戦前に領土・資源を外に求めるテリトリーゲームをやって失敗するや、国内にしっかりとした産業をつくって自由貿易で富を築くウェルスゲームに転換した。その戦略で五十年経ってみたら、経済大国になっていたわけです。これは、やはり一つの日本経験だと思うのです。

この「日本経験」を戦後五〇年のみならず、幕末にさかのぼり、ときには有史以来にさかのぼって理論化すること。——それが脱亜論とその反動としてのアジア主義という、分裂した日本のアジア観を克服する唯一の方策なのである。「夷の術を以て夷を制す」とは、とりもなおさず、日本はついに日本であろうとするために、アジアの文化もヨーロッパの文明も手に入れてゆこうとする、主体の意思表明だったのではないか。

■この人たちの「アジア」■

西川如見

――グローバルな視野をもった元禄の知識人

吉田 忠

中国やオランダなどから伝聞、著述などをつうじ種々の情報が入る、鎖国下の長崎という地の利を活用して世界認識を形成したのが、西川如見《じょけん》(一六四八〜一七二四)である。如見(名は忠英《ただひで》、求林斎《ぐりんさい》と号す)は二十歳のころ学問に志し、当時長崎にあった京都の儒者南部草寿《なんぶそうじゅ》に師事した。天文暦算の師伝は不明だが、長崎の南蛮系の天文暦学の学統を継承し、マテオ・リッチら入華耶蘇《ヤソ》会士系(布教のため中国にきたカトリック宣教師たち)の著訳書から多くを学んだ。紅毛伝来を標榜《ひょうぼう》するが、彼の西洋知識源の多くは、蘭学系というよりは、耶蘇会士系の著訳書にある。『解体新書』刊行(一七七四年)より半世紀ほど前の、蘭学が未成熟の時代にあっては、これは当然のことであった。彼の天文地理への造詣《ぞうけい》は高く評価され、将軍吉宗に江戸へ召しだされ下問を受けている。

如見と世界地理

　天文暦学につうじた如見の地理とは、基本的には世界地理であった。彼は『虞書暦象俗解《ぐしょれきしょうぞくかい》』（一七二〇年）で、天学《てんがく》には天文学と地理学があると指摘し、いま唐土《とうど》（中国）で地理といわれているものは、廟《びょう》陵《りょう》屋宅《おくたく》の風水《ふうすい》吉凶を占う「尺寸《せきすん》微小ノ地理」にすぎず、天学中の地理とは「大地万物悉《ことごと》ク提総《ていそう》スル地理」をさすという。また『両儀集説』（一七一四年）巻七でも、唐土の地理は「小地理ノ学」であって、「行舟《こうしゅう》大地理ノ学」と区別している。このように如見にあっては、地理とは地球規模で把握される大地理であり、同時に世界地理として認識されるべきものでもあった。

『両儀集説』巻一では天地渾円《こんえん》のもとに、大地は円形であるという地球概念が説かれ、寒帯、熱帯、その間の南北二つの正帯《せいたい》（温帯に当たろう）とする五帯の観念を、耶蘇会士系の知識として説いている。彼が参照した世界地図も同様とみえ、同所では「両儀玄覧図」が言及されるが、これはマテオ・リッチの制作にかかわるものである。この世界を、亜細亜（アサイアと読んでいる）、欧邏巴、利未亜（アフリカ）、南北亜墨利加、墨瓦臘尼（メガラニ）の五大州に分けている。

　如見の儒学的素養からみて、古来の華夷（中華とその四方の夷狄《いてき》の地）観念から自由であったとはいいがたい。事実後述のごとく『増補華夷通商考』なる表題の著書も存在する。だが地球規模から眺めるという視角をえた如見にあっては、中国はもはや絶対的な文明国としての中華である必要はなかった。たとえば、天竺《てんじく》(インド)は仏国で唯我独尊《ゆいがどくそん》の大国と自慢し、唐土は聖人の国で天地の中国と自慢し、日本は神国と自慢するように、「此三国おのおの自慢あり、自慢によって其国の作法政道立たり」(『町人嚢《ぶくろ》』巻二)と相対化する。あるいは、「世界万国の開基先後を争ふことありて、唐土の人ハ唐土を最初の国とす。韃靼《だったん》天竺其外《そのほか》四方の万国おのおの其国を以て世界の最初とし中国とす。此争ひ竟《つい》に窮《きわま》りなし」と述べたあと、「夫天地ハ一円渾然の体にして動静始終一時にあらすんハ有へからす」(同書、底拂下)と地球は一体だから、場所により開闢《かいびゃく》の先後はないと結論づけている。

如見の水土《すいど》論

このように地球的視野をもった如見ではあったが、日本だけは特別な存在であった。ところで如見の最も初期の著述の一つに『水土解辯《かいべん》』なる小論がある。これは元禄三(一六九〇)年秋に熊沢蕃山の『水土解』(『集義外書』十六所収)を読み、それに論弁を加えたもので問答体になっている。蕃山の「気運盛衰弁」における、時とともに気運が衰えてきたという説にたいし、かりに唐土日本の時運がそうだとしても、天地万国すべてそうだとはいえないと如見は主張する。唐土をもって天地の中国とするが、天竺の人やその他の国も自国をもって中国とするであろうから、世界万国のうえから考えれば、必ずしも一概にそうはいえないと反論する。これはまさしく上述の地球的視野からの発想である。

その後一〇年ほどして如見は『日本水土考』(一七二〇年刊)なる小論を著し、異邦の「渾地万国の図」により「日本が上国たる理を明らかにする」を目的(自序、一七〇〇年)とした。

その理由は要約すると次の五点にある。

第一に「水土」「自然の風水」によるという。世界は三大界に分かたれ、その第一界には前述の五大州のうち亜細亜、欧邏巴、利末亜が含まれるが、第一界が「水土の正」として最もすぐれ、なかでも亜細亜が第一である。亜細亜の中央には震旦《しんたん》(中国)があり、その西に天竺、その東には日本があるが、日本の位置は艮《うしとら》(東北)にあり、亜細亜中央からみれば真東にあたる。その形は東西に長く、南北に狭く、少し反曲して龍が首をめぐらしたような形で、これこそが自然の風水である。また第二に、日本は万国のどれよりも東にあって、まず朝日を受け、陽気発生の最初の地であり、豊穣《ほうじょう》の地となる。第三に、日本を神国というのも、日本は清陽中正の水土であるため神明がここに会するからで、水土自然の理である。第四に、日本は「四時《しじ》中正の国」で、偏熱でも偏寒の国でもなく、四季をつうじ陰陽中和の水土である。第五に、日本は要害万国にすぐれ、浦安《うらやす》国と呼ばれるように他国から侵害されず、これは「自然の神徳」である。

以上五点の理由は論理づけに陰陽論を用いるなどこじつけもあるが、今日の観点からすれば、自然地理上の位置、気候・風土などの理由が主体を占め、これを如見は水土と呼んだのである。

如見とアジア

如見の水土観によれば、アジアは五大州のなかで最もすぐれているとされた。なかでも上国とされた日本について、『日本水土考』に附せられた「日本方角之図」は本州、四国、九州を記すのみで、エゾとリウキウは「亜細亜大洲図」には載るものの、日本という領域には入らず、当時の通念を示している。それに、如見のほかの著作では、日本上国論により他国を蔑《さげす》むという態度はみられない。『増補華夷通商考』(一七〇八年)は、後述の成立事情からであろうが、五巻のうち二巻を中華十五省の記述にあてて中国を別格としている。如見は巻三冒頭で、「外国」と「外夷」とを区別する。「外国」には朝鮮、琉球、大寃《だいえん》(タイワン)、東京、交趾《こうし》(コウチ)の五国を挙げ、「右ノ国ハ唐土ノ外ナリト云トモ中華ノ命ニ従ヒ中華ノ文字ヲ用三教通達ノ国也」と付言して、朝貢をはじめとする伝統的な華夷意識が読みとれる。事実、朝鮮については「此ノ国儒道ヲ尊フ事中華ニ勝レリ。儒ノ

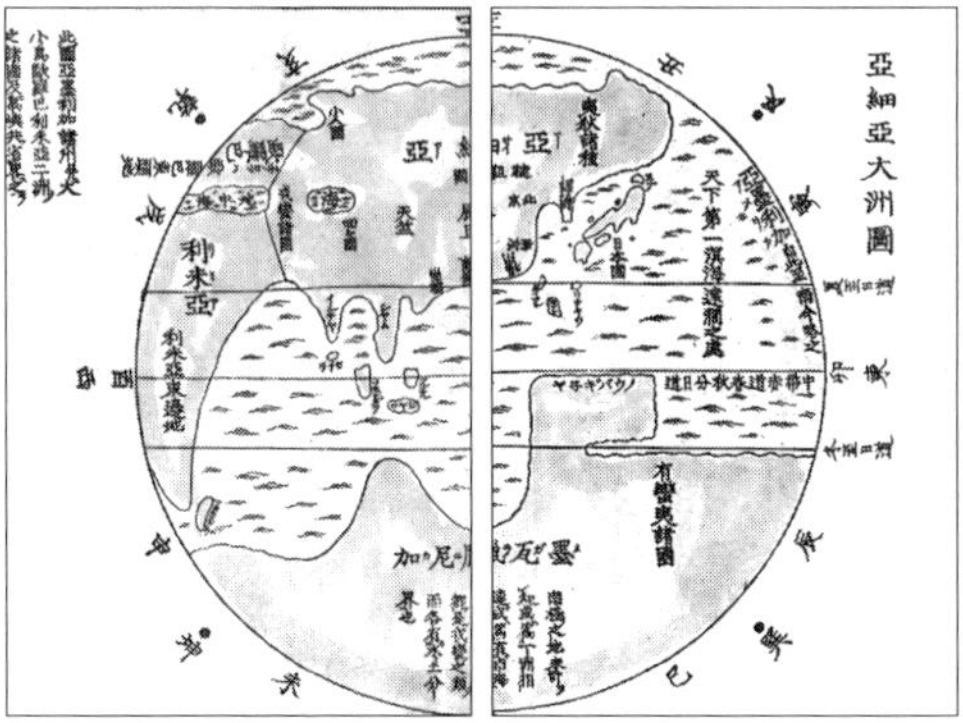

『日本水土考』中の「亜細亜大洲図」　東京大学総合図書館蔵

古法ハ中華ニ絶タル者此ノ国ニ遺レル事有トゾ」と高く評価している。しかし儒道の有無で論断するわけでもない。他方「外夷」には、占城（チャンパン）、東埔寨（カンボウチヤ）、太泥（タニ）など東南アジア一〇ヵ国にオランダを付加し、「右之国々ハ唐土ト差《ちが》ヒテ皆横文字ノ国也」と定義している。また「此ノ文字通用ノ国ハ皆箸ヲ取テ食ス。横文字ノ国ハ何モ箸ヲ用ヒズ、手ツカミニ食スト知ルベシ」とも述べるが、この区別は、転《ころ》びバテレン沢野忠庵の『乾坤《けんこん》弁説』につけた長崎の儒者向井《むかい》元升《げんしょう》（俳人去来はその次男）の「四国学例」でもみられるから、当時の長崎で流布していた考えだったのであろう。

同書は長崎に舶載される貿易品の産地を地誌風に略記したもので、東南アジア二四ヵ国、南アジア一三ヵ国、中央・北アジア二一ヵ国、西アジア五ヵ国など世界のなかでも圧倒的にアジアについての記述が多い。だが東南アジアについては、たとえば「人物甚賤《いやし》ク常ニ裸ニテ往来ス。詞《コトバ》蛮語ニ似テ曾テ通ゼズ、格別也。以下ノ諸夷皆同前也。之ニ準ジテ知ルベシ」（占城）、「人物殊外《ことのほか》賤《いやし》ク常ニ裸ニテ歩行、皆跣《ハダシ》ナリ」（東埔寨）などの表現が頻出する。これは日本上国論からというよりは、彼の水土論にはもともと、熱地は下国という発想があったからでもあった。

こうした考えを彼個人の思想とのみ断定するのは適切ではあるまい。こうした東南アジア観は当時の長崎の人々が共有していたと思われる。というのも、同書は如見個人の著作というよりも、鮎沢《あゆさわ》信太郎氏が夙《つと》に指摘しているように、唐通事らにより著された『諸国土産書』（一六六九年）、『諸国産物記』（一六八一年）、『異国風土記』（一六八八年頃）などの内容とほぼ一致し、元来は唐通事やオランダ通詞たちが貿易仲介などの任務遂行上参照したものに大いに依拠すると考えられるからである。そしてこうした経緯から、むしろ長崎に渡来した中国人たちの東南アジア観が少なからず影響しているともいえよう。

だが江戸時代において、東南アジア像を固定することに、より貢献したのは、むしろ蘭学系知識にあったと思われる。たとえば、青地林宗《あおちりんそう》『輿地《よち》誌略』（一八二六年）は、当時の蘭学者にもてはやされた西洋地理書「ゼオガラヒー」の抄訳であるが、「土人二種、総て色黒形醜、其性怠惰放傲狼戻《たいだほうごうろうれい》……其人凶暴なる、敵を殺し、其人肉を塩或は胡椒《こしょう》を擦して之を喫《くら》ふあり」（スマトラ）とか、「土人は敏捷《びんしょう》にして操作に勤《いそし》むと雖《いえど》も、顔貌黒醜、習俗賤陋《せんろう》なり」（セイロン）とある。「土人」はこのさい土着の人という意味で、土産と同じ用法であり、この言葉自体には本来今日のような蔑視《べっし》感はなかったことに留意する必要があるが、交易のための資源は豊富だが人品は賤しいという西洋人の植民地観・愚民観を、無批判的に繰り返す結果に終わっている。

『四十二国人物図説』（『万国人物図』）より「答加沙谷（タカサゴ）」（上）と「呱哇（ジャワ）」（下）
東京大学総合図書館蔵

　こうした裸体や賤民のイメージは画像としても固定化されていく。如見の『四十二国人物図説』（一七一四年）は各国の人物を風俗・服装とともに描き、図につけられた説明は蘭学者大槻玄沢《おおつきげんたく》がのちに「大略杜撰《ずさん》、一として取るに足るなし」と批判したとおり簡略すぎてはいるが、説明自体はアジアについてもきわだった賤民意識は認められない。しかし、この図は幕末にいたるまで海外人物図として種々のかたちでコピーされ、先の蘭学系の地理書におけるアジア人像の伝播とともに、一般におけるそのイメージの固定化と増幅化にこの図が与えた影響は、視覚をつうじてだけに大きかったといえよう。

■この人たちの「アジア」■

朝鮮改革論と門戸開放宣言

――福沢諭吉「脱亜論」がおかれる史脈

溝部 英章

偉大な思想家は預言者をかねる。近代においても両者は不可分である。時代の指導理念を高々と提示するだけでは、人の心を真にはとらえない。それに従った実践がもつであろう生の意義をも告げ知らせて、初めて「人心を改革する」(『文明論之概略』第二章)。福沢諭吉はいわゆる宗教心は薄かった。それだけに「文明開化」の実践を真剣かつ重大に考えた。それは国が歩むべき方向であるだけでなく、人の生き方でもあった。「外形」だけでなく、その「精神」が肝心であった。一言でいえば、魂の救済にかかわるものであった。文明開化は国の歴史的使命であると同時に、それへの貢献をつうじて個々人に道徳的主体性を与えるものでなければならなかった。

フロンティアを求める時代

福沢諭吉の生涯は、幕末から日清戦争にいたる半世紀に重なる。維新の激動が明治国家の成立へと収束されようとしながら、どうしてもそこに到達しない緊迫のなかで、日清戦争へと「死の跳躍」が試みられる。日露戦争から太平洋戦争にいたる次の半世紀が喧噪《けんそう》を極めただけに、それ以前の半世紀が静穏な古き良き時代だったと回顧されがちである。実際には十九世紀後半の日本史ほど、近代化の軌道が敷かれるか否かをめぐって熾烈《しれつ》な闘いがくり広げられ、内的な緊張に満ちていた時代はほかになかった。均衡か、発展か、いずれを優先するか。開明派と保守派、内治優先派と外征派とが争ったその背後に伏在したのは、この対立であった。

明治日本は、現存する歴史的空間のなかで安定した均衡に達することができるのか。それとも、その安定自体が腐敗への道だと嫌い、新天地への発展を求めるのか。言い換えれば、日本史はフロンティアを必要とするか。直面していたのは、同時期のアメリカ合衆国と同じ問題であった。

一八九三年、アメリカの若き歴史家フレデリック・ジャクソン・ターナーは、西部フロンティアが一八九〇年に消滅したことを宣言した。独立自営農民の高潔な共和国は危地に陥った。アメリカを新世界とし、旧世界から「浄化」していたのは、フロンティアにおける無償地の存在だったからである。「しかし、アメリカ共和制の政治的・経済的パターンを世界の国ぐにに広めることができれば、アメリカ共和国が不滅であることが証明されるかもしれない」(D・W・ノーブル『アメリカ史像の探求』)。一八九八年、改革派政権が米西戦争によりキューバを老大国スペインより「解放」し、ハワイを併合し、フィリピンを買収する一方、中国にたいして「門戸開放」原則が適用されるよう各国に通牒《つうちょう》を送った。アメリカをアメリカたらしめてきたフロンティアを太平洋の彼方にまで求めていこうとしたのである。

国内政治が支配・被支配の関係に頼らずに維持され、国家が国家自身の重みに依存することなく、ただ自主独立の市民の協同によってのみ支えられるようにする。国の内でこうした改革政治を実現するためには、国の外でフロンティアを征服しなければならない。アメリカ史はこの改革と征服との表裏一体性を、ほかならぬ改革派が海上帝国建設に踏み切ったことで示していた。

政治としての「文明開化」

幕末維新の激動を「一身にして二生を経るが如く」と形容したのは福沢自身であった。それだけにその「文明開化」の立場が、幕末の青年期から日清戦後の晩年にいたるまで、首尾一貫して揺らぐことがなかったことに驚かされる。それは一つには、福沢がその伝統に棹《さお》さした十八世紀以来の蘭学・洋学の発展がやはり皮相なものではなく、西洋文明を学ぶ確固とした基礎が早くから形成されてきたことによる。そのうえ「世の開け」ゆくことを評価する伝統(渡辺浩「『進歩』と『中華』――日本の場合」『アジアから考える(5)近代化像』所収)が江戸時代にすでに形成されていた。T・C・スミスが言うように、徹底した西洋化に踏み切ることは士族層が政治の主導権を奪い返す手がかりでもあった。さらに、いま一つには、日本がもともと「独裁の神政府を万世に伝えた」中国と違って「幕政七百年」の経験を有し、「至尊」と「至強」とを「相平均」させてきた(『文明論之概略』第二章)ことによる。伝統的ないしカリスマ的権威に頼ることなく、政治で国を維持する経験を早くから積んできた。「国の独立を保つ」ことを強く意識し、そのための手段として「文明開化」を進めるという発想は自然であった。

ここには、人間とは「社会の蛆蟲《うじむし》」「習慣の奴隷」である(『福翁百話』『福翁自伝』)とする福沢の人間観もかかわっている。「宇宙」と対比して人間を「無智無力」で卑小な存在とみるのは、人間を徹頭徹尾、政治的に定義していることを意味する。人間には頼るべきものとしては自力以外ないと思い定めるところから政治がはじまる。だから人々を習慣への「惑溺《わくでき》」から去らせるためには「社会全体に大なる変革激動がなければならぬ」とされる。中国についても「其人心を新《あらた》にして国を文明にしやうとならば、何は兎《と》もあれ、試《ためし》に中央政府を潰すより外《ほか》に妙策はなからう」。今度は文明開化のために政治的覚醒が不可欠だとされている。

だが福沢諭吉の生涯は、「文明開化」の使徒としては挫折の連続であったと評さねばならない。第一に幕末においては、当時学問的にも軍事的にも最も西欧化が進み、福沢自身も仕えていた幕府が、尊王攘夷を呼号する薩長に武力で倒された。開国派の「大君のモナルキ」は、無知蒙昧《もうまい》な熱狂に乗じたカントリー勢力の前に脆弱《ぜいじゃく》であった。さらに悪いことに、進歩を後援するはずのイギリスが、薩長側についていた。第二に維新後、意外にも開国と改革に転じた新政府に期待し、廃藩置県を遂行した開明派を支援しようとしたものの、切り捨てと妥協の連続に失望させられた。士族反乱鎮圧では、自己武装の士だけが持ちうる独立の気風までが切り捨てられた。明治十四年政変では伊藤博文《ひろぶみ》・井上馨《かおる》らの開明派が、仲間であった大隈重信《おおくましげのぶ》を切り捨て、薩派や岩倉ら保守派と結んでしまった。権威に仕えるというスタイルでの統合を中心にすえることは、独立人の対等な協力という「文明開化」の政治に反した。

第三に福沢の朝鮮改革への肩入れは、日本側の支援を受けて若き朝鮮人エリートたちが政権奪取を図った甲申《こうしん》事変の失敗後、韓国人にも日本政府にも失望させられる結果に終わった。韓国人は、自国の改革派を排除して反省がないばかりか、清国、日本、ロシアなど外国を利用して自国の生存を確保しようとしていた。日本政府も、伊藤・井上が主導しているにもかかわらず清国と妥協し、英露両大国の顔色をうかがい、ひたすら現状維持に汲々《きゅうきゅう》としていた。第四に陸奥宗光《むつむねみつ》外相の決断により日清戦争に突入し、日本側の指導下に近代化をめざした甲午《こうご》改革が実行されていくことに、福沢は「愉快とも難有《ありがた》いとも云ひやうがない」(『福翁自伝』)と歓喜したが、清国を敗北させた結果、かえって帝国主義的状況を強めることになり、それは韓国の運命を、主体的な改革ではなく、変転ただならない国際政治にますます委《ゆだ》ねることに終わった。

理念の人

現実にどれほど裏切られてもなお理念の正しさが信じられるとき、預言は神義論《しんぎ》を必要とする。一見したところ相反する現実が、実は理念を実現するためのステップとしての意義を帯びていると弁神《べんしん》されていく。福沢諭吉の「文明開化」の教説が外見上の明快さとは裏腹に曖昧《あいまい》さを秘めているのは、あくまで理念に忠実であったことによる。丸山真男《まさお》は福沢の「状況思考」をほめそやすが、その背後に福沢の「嘆き」を見出す必要がある。丸山が想定する、状況から自由で無から決断することができる無色透明の主体など福沢とは無縁であった。信じた理念とそれを実現するための権力配置とを担うことによって、初めて主体として存立を許される。言説が福沢を存在させたのであって、その逆ではない。言説の矛盾は存在の困難を物語る。

矛盾の第一は、福沢が「文明開化」の本質として、非政治的な経済社会か、独立市民の政治体か、そのいずれを優先的に考えていたかにかかわる。脱政治的な保守的啓蒙の立場に立つギゾーやバックルに従って、「文明開化」とは「人の安楽と品位との進歩」(『文明論之概略』第三章)だと定義したこともある。しかし他方、同書第十章に進むと、「自国の独立」が「事の初歩」だと政治に立ちもどる。割り切っていえば、人々を自主独立にするのは経済発展なのか、武力による政治空間確保活動なのか。保守派には経済による開放作用を突きつけ、政治を避ける開明派には政治に立ちもどるよう呼びかけたと解釈される。

矛盾の第二である「一身独立して一国独立する事」(『学問のすゝめ』第三編)のうち、「一身」と「一国」とのいずれに重きがおかれたかという問題も同断である。「一国の独立」に猪突猛進《ちょとつもうしん》する人々には、非政治的な「一身の独立」の間接的な国家独立効果を対置し、「一身の独立」のみで済むと思い上がる人々には政治の重要性を想起させたのではないか。

嘆きの書としての「脱亜論」

有名な「脱亜論」が矛盾の第三である。朝鮮改革派クーデター失敗の挫折感のなかで、もはや「我国は隣国の開明を待て共に亜細亜を興すの猶予ある可らず」と述べ、もう待てないと叫んでいるが、実は最初から朝鮮改革は日本人の政治において自由と独立とがバランスするための方策だったのではないか。もともと日本は朝鮮にたいし「隣国なるが故にとて特別の会釈《えしゃく》に及」んでいたわけではない。「唇歯輔車《しんしほしゃ》」と称し「隣国相助くる」ことが、日清韓各国内で旧秩序を温存することになることは明白であった。他方「寧ろ其伍を脱して西洋の文明国と進退を共にし、其支那朝鮮に接するの法も、……正に西洋人が之に接するの風に従って処分す可きのみ」と突き放しているが、「協力政策」の名のもと、清朝の延命を手助けし、旧秩序への「惑溺」を助長してきたのは、イギリスを初めとする「西洋の文明国」であった。だからこそ日本にとって朝鮮が改革のためのフロンティアと映じた。使命感をそそられたのも当然であった。「東方の悪友を謝絶」したのではなく、するぞと叱咤《しった》していると解釈すべきである。

「脱亜論」が目覚めない人々にたいする嘆きの書であったということの解釈は、この短い論考が第二次大戦後、禍々《まがまが》しいまでに先見性をもつものとして想起されたことによって裏書きされる。「脱亜論」は、日本の中国・韓国へのアプローチが不幸にも、必要ならば「力を以て其進歩を脅迫する」（『時事小言』）ものにならざるをえないと預言していた。だが東アジアの国際政治状況は、福沢没後まったく変化してしまった。グローバル化すると同時に、地域の民族が国家から遠心的に分散していった。福沢が憎んだ旧秩序温存機構は機能しなくなった。この変わってしまった世界のなかで、なお福沢の古き預言が実行されていったところから悲劇が生まれた。福沢のいう政治的改革アプローチが、朝鮮半島なり満州なり、地域的に限定されている分には、まだ帝国主義的均衡で秩序を生み出すことも不可能ではなかった。しかしそれも中国人の政治的ナショナリズムに火をつけてしまう。現地人を突き放すヨーロッパ帝国主義も、アメリカの経済的な門戸開放アプローチも、この政治と政治のぶつかり合いを収拾《しゅうしゅう》できない。いらだった日本が大東亜共栄圏建設へと全面的に政治化したとき、中国人の政治も根拠地建設型共産主義へと急進化し、同時にアメリカもその門戸開放政策を政治化させた。

戦後半世紀、敗れて非政治化の安楽を享受してきた日本を尻目に、冷戦の名のもと、米中の政治がぶつかり合ってきたが、それもいまや双方が退潮しつつある。アメリカでは海外へのあらゆる軍事介入が忌《い》み嫌われはじめ、中国では民衆が市場経済に狂奔《きょうほん》している。西部フロンティア消滅から一世紀を経て、太平洋の彼方にもフロンティアがなくなった。いやフロンティアなど最初からなかったのだという索漠《さくばく》とした気分が広がっている。没後百年を迎えるいま、福沢諭吉の「文明開化」の預言とは、実は徹頭徹尾、政治的なものだったのではないかと反省される。その不吉な政治性を暴露してきたのが東アジアであった。

■この人たちの「アジア」■

岡倉天心

——ある境界人のアジア観

上田信

一八八六年十月二日、文部省の命を受けた岡倉覚三（天心、一八六二〜一九一三）は、日本の美の発見者としてのちに知られるアーネスト＝フェノロサとともにヨーロッパに向けて出航した。東京美術学校（東京芸術大学美術学部の前身）の開校に先だって、ヨーロッパを視察し、美術学校の組織や教授法、工芸美術の改良の要点を把握すること、これが文部省が岡倉らに与えた使命である。岡倉は横浜の貿易商の息子として育ち、幼少のころより外国人教師のもとで英語を学んでいた。英語で思考し、主要な著述もすべて英語でなされている。さしずめ日本最初のバイリンガルであったといえよう。ときに岡倉は二十四歳、英語が堪能《たんのう》な若手官僚として、洋装に身をつつみ横浜で船に乗った。しかし、旅のなかで岡倉に大きな変化が生じた。旅の途中で、岡倉は洋装を脱ぎ捨て和服に替え、ロンドンなどの大都会においても紋付き羽織で通したと伝えられる。この変化を解明することが、岡倉天心を理解することに結びつくはずである。

リヨン日誌

岡倉は翌年三月二日から五日までフランスのリヨン周辺を訪ね、各地の美術学校や職業学校、美術館を参観し、英語で詳細な記録を残し、日本のあるべき美術・工芸教育について考察をしている。その書きぶりは有能な官僚の報告書そのものである。

絹織物産業を視察したとき、「フランスは……われわれ〈日本〉にとって、世界の市場で最強の競争者と考えなければならない」と記し、日本の絹織物産業が発展するための方策を分析している。日本がフランスよりも有利な点として、「中国・インド・オーストラリアおよび東洋全体（General East）が近くにあるということである。外国貿易を論じるものは、つねに眼を西洋（West）に向けていて、近隣での可能性と有利さには誰も気がつかない。東洋ではわれわれの趣味は共通するものを持っている。……われわれは〈東洋の〉近くにいるので、その利点を生かさなければならない。商業的観点からのみならず、政治的観点からも、このことは東洋においてわれわれが力を持つためのステップとなるであろう。わが国を、すべての東洋（all the East）が見上げる中心点とすること、オリエントの魂（the soul of the Orient）が鼓動する心臓たらしめることである」（「欧州視察日誌、明治二十年」『岡倉天心全集』第五巻、平凡社、一九七九年）と述べる。

ヨーロッパ視察当時の岡倉天心（平凡社提供）『岡倉天心全集』第5巻（平凡社，1979年）より。

岡倉は日本の美術の将来へと考察を進める。日本はフランスに比べて流行の変化に対応する点で遅れをとり、不利である。パリが流行を支配しているからである。しかし、優れたデザインは気まぐれな流行の変化にも堪えることができるはずであると、岡倉は述べる。「われわれはわが国の美術を彼らの軽薄な変化の娼婦たらしめてはならない。芸術的デザインは永遠に優れたものである。……新しい偉大なデザインは、思想の力と同じく、それ自身で流行を創り出すであろう。……われわれの製品の将来には、大きな希望がある。一般的な方向として、欧州およびアメリカの市場への輸出には主として芸術的製品をこれにあて、普通の製品は国内消費と東洋の市場にあてる」。彼の思索は抽象的な考察に止まらない。優れた永続可能なデザインを生み出すために、美術館を京都に設け、東洋の製品の最上のもの、およびもしできるならビザンティン・フランドル、さらに近代欧州の最良の展示品を並べて、美術教育に資する必要があると結論づける。

絹織物産業を牽引車とする経済発展は、明治政府の基本政策である。岡倉の美術教育にかんする構想は、この国策に沿ったものであった。この点は、洋装から和服に着がえる前の岡倉を理解するうえで押さえておかなければならない。

「御雇い外国人」の目をした文部官僚

欧州視察旅行に旅立つ前に、岡倉は文部省において上司と幾度となく衝突したことが伝えられている。文部省での最初の仕事は、音楽教育創出のためにアメリカから来日した御雇い外国人ルーサー＝ホワイティング＝メーソンの通訳であった(一八八〇年)。岡倉の仕事ぶりは、メーソンのかわりに省内で作成した書類(『全集』第七巻)や、メーソンの長女に宛てた手紙(中村理平『洋楽導入者の軌跡』刀水書房、一九九三年)などに窺《うかが》うことができる。岡倉はメーソンとそのメーソンを招いた上司の伊沢修二とのあいだに挟まれ、気まずい思いをしていたと推定される。

伊沢は西洋音楽の基礎を吸収しながらも、日本的な要素を加えた音楽、すなわち「国楽《こくがく》」を創出しようともくろんでいた。アメリカやヨーロッパの音楽を日本の唱歌にとり入れるときには、日本語のアクセントなどに応じて原曲に手を加えることを、メーソンに要求したのである。しかし、メーソンは難色を示した。ネイティブ・スピーカーなみに英語ができる岡倉は、メーソンの苛立《いらだ》ちを痛感したはずである。

音楽調査掛から別の部署に移ると、岡倉は大学の恩師フェノロサの京都・奈良の古社寺の調査旅行に同行し、日本の美術・建築にたいする眼を開かれた。それと同時に安易な文明開化をめざす明治という時代にたいするフェノロサの苛立ちをも、岡倉は共有することとなった。そして図画教育調査委員のとき(一八八四年)に、洋風の鉛筆画採用を主張した上司の小山正太郎と対立するのである。

文部省内での岡倉と上司との対立は、近代化か伝統重視かという単純な二項対立ではない。近代的な世界へいかに参入していくかという点では、岡倉は他の官僚と共通の問題意識をもっている。しかし、路線が異なる。岡倉の視野は御雇い外国人の視野に重なるものである。安易な和洋折衷《せっちゅう》、和魂洋オでは、近代的な世界のなかで日本が生き残ることはできない。受け入れるのであれば欧米人も承服せざるをえないほど完全に近代化すべきなのであり、もしそれができないのであれば、日本の個性を活性化し、欧米との差別化を図るべきだという主張である。しかし、明治官僚はアジアの他の諸地域よりも一歩先んじることで発展の道を生み出すという路線を採用し、手っとり早い近代化を追求したのである。

図式的に描くならば、岡倉は欧米の側に立って、アジアのなかの日本をみる。明治官僚は日本のうちに立って、欧米を見上げ、近代化に遅れたアジアを見下す。明治政府が近代化への自信をもち、御雇い外国人を帰国させる一八八〇年代の日本において、岡倉は異質な存在として孤立せざるをえなかった。

西も東も水煙り──

ヨーロッパを旅する岡倉は、思考の座標軸と身体的位置とが一致したという実感を満喫し、水を得た魚のように伸びやかに思索した。リヨンで記された日誌の伸びやかさに、彼の開放感を読みとることができる。しかし、三月五日にリヨンを出発しクリュニーに向かうころから、記述に異変が現れる。クリュニー美術館がかつての騎士団の邸宅であると記し、壁に銃眼が穿《うが》たれていると述べたあとに、突然、彼の思索は日本に飛躍し、さらに地上からはじけ去ってしまうのである。建物のたたずまいは「弁慶の時代を思い起こさせる。屋根は奇妙にヤマト的(yamatoish)で、調べる価値有り。ああ、戦いは人間の営みの敵だ。いつの日に戦いは止むのであろうか。人類は哀れなる存在にして、地球は腐《くさ》ったリンゴのようだ。その皮はしなび、芯《しん》は腐敗《ふはい》している。山と河とは表面の皺《しわ》に過ぎない。……〈一微塵中有一世界〉。われらもまた一微塵《びじん》のなかの一世界にすぎないのだ」。翌日には再び視察者の記述にもどるが、「腐ったリンゴ」のイメージは内面に沈降していたようである。

四月十八日、フェノロサの息子が死んだという知らせを受けた日の日誌に、日本語で詩を綴っている。その冒頭は、

是やこの、闇より闇に流れ星
腐れ蜜柑《みかん》の薄皮に
蠢動《うごめく》く虫の一世界
しなびて山モ起《おき》ツ寝《ね》ツ
たたれて波の雪まだら
解けて砕けて跡消えて、その末は
薄黄昏《うすたそがれ》の朦朧空《もうろうそら》

となっている。そして第二段落には

是やこの
有為《うい》より無為《むい》に渡り舟

西も東も水煙り、棹断《さおた》へて
行く末も知れぬ早瀬を下る三津河《さんづかわ》

とある。この詩は手を加えられて五月八日付けの日誌にも登場し、日誌はそこで中断する。

日本を出てから五ヵ月、英語は堪能とはいっても初めて異文化のなかに身をさらし、一種の興奮状態が収まったときに始まる寂寞《せきばく》たる思い。つまり岡倉はホームシックに罹《かか》ってしまったのであろう。ここで問題とすべきことは、提示されたイメージである。黄色い肌をもった御雇い外国人とでもいうべき岡倉は、自らの原点として仮定された欧州に赴いたときに、そこにおいても自分が異人であることを否が応でも感じざるをえなかったと思われる。クリュニーのゴチック建築を目の前にして、突如《とつじょ》、ヤマト的なものを感じた岡倉は、欧州人でない自己を発見したのである。

日本にも欧州にも座標の原点を置けなくなった岡倉は、仏教的な無常観のなかに飛躍し、あたかも天から地球を見おろしているような感覚を得る。地球は皺だらけのリンゴであり蜜柑なのである。危険な要約であるが、このとき岡倉覚三は岡倉天心へと「転換」したといえよう（「天心」という号を対外的に用い始めるのは一八九六年ごろであるが、その数年前に「欧州視察日誌」の余ったページに「二つの人生、天心・覚三」というメモを書き入れている。日誌を読み返した岡倉が自らの「転換」を再確認し、天心という号を思いついたのかも知れない）。地球を突き放してみる座標原点と引き替えに、彼は地上には足場をもちえない感覚に苛《さいな》まれる。「西も東も水煙り」という一節は、西洋にも東洋にも属せない自己の危うさを示していると考えられるのである。この危機を天心はいかに克服しようとしたのであろうか。

岡倉は一九〇三年にロンドンで刊行された『東洋の理想』の冒頭で、有名な「アジアは一つ」という言葉につづいて次のように述べている。「ヒマラヤ山脈は二つの偉大な文明、すなわち孔子の共産主義をもつ中国文明と『ヴェーダ』の個人主義をもつインド文明とを、ただ際立たせるためにのみ、分かっている。しかし、雪をいただくこの障壁さえも、究極と普遍をもとめるあの愛の広がりを一瞬といえども遮《さえぎ》ることはできない」。多様なアジアを「一つ」だといい切ってしまえたのは、彼がヒマラヤ山脈ですら腐れリンゴの皺として鳥瞰《ちょうかん》する原点をもっているからである。

しかし、彼はコスモポリタンではない。民族や国家を超越した個人としてではなく、地上になんとか足を下ろそうと足掻《あが》きつづけたのであり、その地上の一点が日本であった。なぜなら「日本は生きたアドヴァティズム（不二一元論、現象世界は仮現だというヒンドゥー思想）の精神で、過去の〈アジアで生まれた〉理想のすべての相に思いをこらすからである」（いずれも岡倉『東洋の理想』から）。欧州で記された詩に見える悲観的な無常観は、「日本」という媒介《ばいかい》を経ることによって能動的な「愛」へと転換している。

バイリンガルとして育ち、境界人として苦しんだ岡倉は、ヨーロッパにおいてアイデンティティの危機に遭遇する。その危機を、仏教的無常観さらにアドヴァティズムを経て「日本」を発見することで克服したかにみえた。しかし、その「日本」がアジアを侵略したとき、岡倉は再び「日本」に裏切られたのではなかろうか。

■この人たちの「アジア」■

復興亜細亜の戦士、大川周明

大塚 健洋

大川周明(一八八六~一九五七)は、世界の欧化が近世史を貫く最も厳粛なる事実であると考えていた。これは政治的にはヨーロッパの帝国主義の勝利、経済的には資本主義の高揚、人種的には白人の世界制覇を意味する(『近世欧羅巴植民史』一)。ところが、日露戦争における日本の勝利は、アジア諸民族にたいする警鐘となり、第一次世界大戦は、ヨーロッパにおいて階級闘争を、アジアにおいて民族闘争を激化させた。彼は大正十一(一九二二)年に刊行したアジア問題にかんする主著『復興亜細亜の諸問題』のなかで、次のように述べる。いわゆる「アジア不安」は、西はエジプトから東は中国にいたるまで、さまざまな形で現れている。インドではガンディーが排英運動をくりひろげ、トルコでは、ケマル・アタチュルクが弦月旗《げんげつ》を翻《ひるがえ》して、連合国全体を相手に戦っている。これらの独立運動は、政治的支配と経済的搾取からの脱却をめざすものであるが、その奥に流れるものはアジアの魂《たましい》であり、アジア民族の精神的自覚である。アジアがいま求めているのは、精神的独立と政治的独立という二重の独立である。

大川はイスラムとソビエト、そして日本の動向が、アジアの将来を決するだろうと予想した。なぜなら、ヨーロッパの植民地支配下にある住民の相当数は、イスラム教徒であったからである。ひとたび政治と宗教を不可分とするイスラムの魂が目覚めるならば、彼らは復興アジアの前衛として、至るところで独立運動に立ち上がるだろう。そうした動きは、ソビエトの支援を受けて現実のものとなっている。彼はヨーロッパにおける社会主義革命とアジアの復興こそが、第一次大戦後の世界史を動かす根本動因であると考えた。そして、従来ほとんど知られることのなかったチベット、タイ、インド、アフガニスタン、ペルシャ、トルコ、エジプト、メソポタミア各地で高まる民族運動の状況と、ソビエトやイスラム教徒の動静を広く日本国民に紹介したのである。

広大なるアジアの天地

大川のアジア観を顧みるとき、まずなによりも重要かつユニークな点は、彼のいうアジアが単に極東の天地にとどまらず、東南アジアや西南アジア、さらにはエジプトをも含めた広大な地域をさしているところである。彼がこのように広い視野を抱くにいたったのは、孫文らの中国革命ではなく、インド独立運動を媒介にして、アジア問題にかかわったことと密接な関係がある。

大正二(一九一三)年夏、宗教学者として脱俗的生活を夢見ていた大川は、インド哲学への興味から、ふと古書店の店頭に並ぶヘンリー・コットンの『新インド』を手にした。彼はこの書を読むまで、現実のインドについてほとんど何も知らず、インドといえば「婆羅門《ばらもん》鍛練の道場、仏陀《ぶっだ》降誕の聖地」とのみ思い描いていた。しかし、大英帝国のインド官吏、コットンの書は、彼のイメージを完膚《かんぷ》なきまでに打ち砕き、植民地支配にあえぐインドの実相を、彼の眼前にまざまざと突きつけた。彼は現実のインドに開眼し、脳裏のインドとの余りに大きな隔たりに、驚き、悲しみ、憤《いきどお》った。

これ以後、彼は国外退去処分となったインド人革命家グプタをかくまい、大正五(一九一七)年に『印度に於ける国民的運動の現状及び其の由来』を著すなど、日本におけるインド独立運動を終始一貫支援しつづけた。大川はインド人革命家タラクナート・ダスと提携して、全亜細亜会を結成し、「全亜細亜主義」、言い換えれば、「亜細亜に於ける欧州人の横暴を挫《くじ》き、日本が盟主となりて全亜細亜を結合且指導すると云ふ主義」を唱道した。大川の眼はアジア全域に注がれていたのである。

人間精神の本質を汲むアジア観

また大川は、精神的・政治的独立の必要を説いているように、アジアの没落の原因やアジア復興運動の勃興を、精神面から把握しようとした。彼によれば、アジアがヨーロッパの植民地へ転落した原因は、精神的生活と社会的生活の乖離《かいり》にある。つまり、「亜細亜酸鼻《さんび》の源泉」は、かつて彼自身が憧れた俗世《ぞくせ》を離れた生活を願う心そのものにあったのである。アジアはこれまで内面的・精神的自由の体得に努力を注いできたが、その結果、精神的原理と社会的生活とが互いに分離孤立する「小乗亜細亜」が出現し、一面では精神的原理の硬化、他面では社会制度の弛緩《しかん》、退廃をまねいて、ついに「白人阿修羅の隷属」たるにいたった。したがって、アジアの復興は二元的生活からの脱却、つまり、「大乗亜細亜」の実現でなければならない。(『復興亜細亜の諸問題』)

彼はレーニン、ガンディー、ケマルの成功の秘訣《ひけつ》が、その抱く理想と運動方法の両面において、真に国民精神を反映している点にあると考えた。たとえば、ヨーロッパ精神の権化《ごんげ》であるレーニンは、いかなる権謀術数、流血殺戮《さつりく》をも辞さず、外面的制度の確立と、機械的に人類の福祉を生み出す組織の実現に死力を尽くした。アジア魂を体現するガンディーは、真理把持《はじ》を主義とし、非暴力・不服従運動を展開した。また、トルコにおいては、労働者ならぬ軍人のケマルが、自由の戦士として国民運動の中心となった。国民運動の成否は、その運動が真に国民的であるか否かにかかっている。(『日本的言行』)

イスラム研究の先駆

彼のアジア精神の探究は、人間の最も内奥の営みである宗教にまで及び、それは『回教概論』、『古蘭《コーラン》』(翻訳)といった一連のイスラム教研究として実を結んだ。彼のイスラムへの関心は古く、大正初期にまでさかのぼる。当時宗教学者の卵であった彼は、コーランの本邦初訳者たらんとして、大いなる学問的野心をもって翻訳に取り組んだ。しかし、この企てはアラビア語の必要から中断し、以後その暇《いとま》を得ぬまま放置されていた。ところが、東京裁判で発狂し、治療のため入院したことによって、この三〇年来の宿願が実現するのである。彼は病状がほぼ回復した昭和二十二(一九四七)年三月から翻訳に取りかかり、昭和二十五(一九五〇)年に岩崎書店から出版した。これはアラビア語原典からの翻訳ではなかったが、英・独・仏・漢訳十種余りを参照した、日本で三番目の貴重な訳業であった。大川自身が述べているように、コーランが聖典である以上、アラビア語の読める信者でなければ訳者たる資格はないが、彼が詳細な註を付した『古蘭』は、アラビア語原典からの完全な翻訳を促す先駆的業績となった。

また、『回教概論』は大正六(一九一七)年以降書きためた論考をまとめたイスラム教概説であるが、大川の師の宗教学者・姉崎正治はこれを絶賛したといわれている。山内昌之氏も、ここに描かれた大川の偏見のないイスラム像を高く評価し、「人種や部族や民族の出自にとらわれない『宗教的人間』ともいうべきアイデンティティこそ、イスラムの特徴だったことにも触れている」と、彼がイスラムの本質を衝いていることを指摘した(「イスラムの本質を衝く大川周明」)。大川は日本のイスラム研究の先駆者でもあったのである。

東西衝突をはらんだ終末論的使命感

そしてもう一つ特筆すべき点は、彼のアジア解放によせる並々ならぬ使命感と、その主体としての日本にたいする自負である。大川は明治末年ごろ、岡倉天心の『東洋の理想』を読み、過去のアジア芸術の理想がいまなお日本に保持されているという天心の思想から、強い影響を受けた。大川はそうした理想をアジア文明を成り立たせている根本精神と解し、「吾等の意識は全亜細亜意識の綜合である。吾等の文明は全亜細亜思想の表現である」と主張した（「亜細亜文明の意義及び価値」）。このアジア文明の代表者という日本観は、さらにインド独立運動家たちとの交流によって、政治的使命感へと転化していく。インド国民会議派の指導者ラージパト・ラーイが、大正四（一九一五）年、インド人主催御大典祝賀会の席上、「日本は亜細亜の盟主として、総《すべ》ての亜細亜人を率ゐて、屹然《きつぜん》として立たなくてはならぬ」と述べたように、日露戦争に勝利した日本は、アジアからの期待を一身に集めていたのである。

ところが大川の使命感は、排日移民問題をめぐる日米対立の深刻化に伴い、次第に終末論的色彩を帯びるようになる。彼は大正十四（一九二五）年の著作『亜細亜・欧羅巴・日本』で、ロシアの宗教哲学者ソロヴィヨフの東西対抗史観の影響を受け、次のように主張した。東洋と西洋、「人類の魂の道場」たるアジアと「人類の知識を鍛《きた》へる学堂」たるヨーロッパは、世界史における最大至高の対抗個体として今日にいたり、相離れては存続し難きところにまで進み尽くした。この東西の結合は平和裡に行われることはなく、必ずや東洋と西洋を代表する強国間の戦争によって実現されるだろう。アジアを代表する最強国は日本であり、ヨーロッパを代表する最強国はアメリカである。この両国はギリシアとペルシア、ローマとカルタゴが戦ったように、相戦わなければならない運命にある、と。

同時に、世界のブロック経済化は、彼に日満を一体とする広域経済圏の建設の必要を痛感させ、その支配を確固たるものとするために満州の武力制圧を構想させるにいたる。これは当然、中国ナショナリズムとの衝突を生み出し、やがて満州事変、日中戦争へとつながっていった。軍部を武力解決に引きずり、日本の強硬世論をあおる大川の姿は、中国人の目から見れば、まごうことなき帝国主義者であったにちがいない。しかし、それにもかかわらず、日本と手を結んでインド独立をめざしたラシュ・ビハリ・ボースらインド人革命家の立場からすれば、大川周明は依然として彼らの同志であり、復興アジアの戦士であっただろう。アジアは多様であり、アジア諸民族のおかれた状況や利害関係もさまざまである。中国にたいして侵略的であったからといって、インドにたいしてもそうであったとはいえない。昭和三十二(一九五七)年、インド首相ネルーが来日したとき、わざわざ病床にあった大川を招待しようとしたように、インド人にとって、彼は最も古くからの理解者であり、独立運動の一貫した支援者であった。インドにおいて、大川周明は代表的な親印的日本人として、決して忘れ去られることはないだろう。

最後に大川が現代のわれわれに残した貴重な遺産についても触れておかなければならない。それは彼が後進のアジア研究者や、アジア関係者の育成に果たした役割の大きさである。彼が主宰する東亜経済調査局(一九〇八年創立の独立した経済調査機関)からは、前嶋信次、坂本徳松、中村孝志、井出季和太、岡崎三郎、須山卓、原覚天など多くのすぐれた学者が巣立っていった。また、彼は昭和十三(一九三八)年、東亜経済調査局に付属研究所を設け、中学四年を終えた青年に、タイ語、マレー語、ヒンディー語、トルコ語、ペルシア語、アフガニスタン語、アラビア語を教え、日本とアジアの懸け橋となるべき人材の育成にも努めた。国際化や国際交流の必要が叫ばれている今日、われわれは大川の先見の明を顧みるべきであろう。

III

アジアにおけるアジア観

日中知識人に見る世界像の形成

——近代化のあり方を決めた文明観を比較する

銭国紅

近代以降の日本では「アジア」という概念がいつも「ヨーロッパ」の対極として意識されている。明治期日本に流行した「脱亜入欧」論は、過去のものとして時代の流れのなかに消えつつある一方、平成の日本ではその逆の「脱欧入亜論」さえ叫ばれるようになった。現在のいわゆるアジアブームもこれが背景になっている。ただし多くの人は必ずしも、いまなぜアジアか、ということを正確に理解しているとは限らず、「脱欧入亜」論も、本質的にいままでの日本人の文明意識の延長にすぎないかもしれない。かつて近代化の過程でいだかれた、憧れの「欧洲」と憎しみの「亜洲」というイメージが、歴史の残像としてしか存在しなくなった今日でも、ヨーロッパやアジアという言葉に、感情的な響きを感じる日本人はまだ多い。世界の国々を見渡しても、日本人ほど、この二つの固有名詞に強烈な愛憎を注ぎ込んだ国はないといってよい。

そもそも徳川時代の前半には、「欧洲」も「亜洲」も、中国経由で入ってきた西洋地理学において、地域範囲をさし示す名詞にすぎなかった。その時代の人々は、日本、中国、天竺《てんじく》、南蛮《なんばん》といった名称に感情や価値を感じても、「欧洲」「亜洲」などの名称からは空間的な広がり以外の何ものも想像することができなかったのである。マテオ・リッチ(一五五二〜一六一〇)をはじめとする宣教師たちが伝えた西洋地理書は、最初は中国や日本の知識人に世界の空間的な拡大を意識させただけで、それに本格的に文明的な価値をもたせたのは、中国ではアヘン戦争(一八四二年)後の知識人、魏源《ぎげん》(一七九四〜一八五六)らであり、日本では十八世紀後半以後の蘭学者や洋学者たちであった。つまり、これらの固有名詞に特別な意味内容や感情的色彩が盛りこまれるようになったのは、西洋という漠然とした世界にたいする知的な模索と対話がはじまって以後のことであった。

日本の場合——西洋の発見と新しい自己の模索

イタリア人の宣教師シドッチ(一六六八〜一七一五)に、中国経由で学んだ空間的・平面的な「世界」を、より実体的な存在として確かめ、自らの感覚でとらえようとした新井白石《あらいはくせき》(一六五七〜一七二五)は、その最初の一人といえる。シドッチは一七〇三年、教皇クレメンス十一世より日本伝道の命を受けて出発したが、ようやく大隅《おおすみ》国の屋久《やく》島に漂着したのが一七〇八年八月二十九日。新井白石がこの取り調べに当たった。その記録として「ヨハン・パッテイスタ物語」を書いているが、これは白石の視野を世界に広げるきっかけとなり、のちの有名な『西洋紀聞《きぶん》』の草稿ともなったものである。中国経由の世界像を自ら検証してその真価を問おうとした白石の問題意識は、未知の西洋にたいする彼自身の好奇心と、大航海時代以後の西洋勢力の世界的な膨張にもとづいている。大航海時代以後、「世界」を表すためにヨーロッパ人が使いはじめた「アジア」「ヨーロッパ」「アフリカ」「アメリカ」などの地理的概念が、ヨーロッパ以外の人々に受け入れられたのは、ヨーロッパ人、すなわち西洋人を中心とする世界の完成を意味した。長きにわたって、「アジア」という言葉は野蛮と貧しさの代名詞になり、一方、「ヨーロッパ」といえば、文明と富の響きがした。明治人の「脱亜入欧」への熱い思いが、こうした当時の現実を物語っている。かくして日本人は、西洋やアフリカ、アメリカなどを含んだ世界への長い知的な旅を開始し、旧来の、唐《から》（中国）、天竺（インド）、日本からなる三国世界観の根本的な再検討をはじめたのである。

徳川時代の前半まで、日本は自らをこの三国世界の一員として、文明的に中国やインドを仰ぐ立場に立ってきた。しかし、海という独特な自然環境に恵まれていたために、文明的に中国などに従属しながらも、心情的には自主性を保ち、周辺諸国と向かい合う姿勢を守ってきたといえる。明の王圻《おうき》、王思義《しぎ》父子の絵入り百科事典『三才図会《さんさいずえ》』（一六〇七年）に倣った、大阪の医者、寺島良安《りょうあん》による『和漢三才図会』（一七一三年）は、中国にたいする相対的な存在を主張し、自国文化への自覚にともなって新しい自国像を表現し、それを認めてもらいたいという衝動を端的に示している。また、新井白石が朝鮮使節との応酬《おうしゅう》（一七一一年十一月五日）を記録した「江関筆談《こうかんひつだん》」には、白石が話題を世界事情や世界地理の面に導いて自らの知識を披露《ひろう》し、朝鮮知識人を圧倒した場面が描かれている。西洋の発見は、日本が旧来の「世界」を批判し、自らの優越性を主張することを可能にした。いままでは、旧来の「世界」を相対的に見ることはできても、それを乗り越えることまでは考えられなかった日本人にとって、西洋文明は脅威であると同時に誘惑であり、希望の源であった。

　西洋を含む世界像の把握をつうじて、旧来の「世界」を批判しながら、世界における日本の新たな位置づけを行おうとする試みは、新井白石だけでなく、のちの知識人にも強く求められていた。前野良《りょう》沢《たく》（一七二三～一八〇三）や杉田玄白《げんぱく》（一七三三～一八一七）らの蘭学者や洋学者、さらに町人学者山片蟠桃《やまがたばんとう》（一七八四～一八二一）、国学者平田篤胤《あつたね》（一七七六～一八四三）、佐藤信淵《のぶひろ》（一七六九～一八五〇）、会沢正志斎《あいざわせいしさい》（一七八二～一八六三）なども、その代表的な人物である。こうして日本人は想像的な世界から現実的な世界にはいり、新しい世界像と自国像、ひいてはアジア像をいだくようになった。それは明治時代の「脱亜論」にいたって本質的な転換をとげ、最終的に日本人の世界意識として定着したといえる。ここで本質的な転換というのは次のような理由による。つまり、それまでは西洋の文明を模索《もさく》しつつもそれを絶対化することはせず、旧来の「世界」を批判するための参照にとどまっていたのが、「脱亜論」は西洋文明を絶対化し、旧来の「世界」であるアジアの文明的な存在価値すら否定する意味を含んでいるからである。

　十八世紀末ごろまで、日本人はアジアを相対化し、その不備を批判する一方、新たな世界の構造をいち早く模索し、そこでの日本の位置を必死にとらえようとしていた。だが十九世紀になると、経験したことのない外圧に衝撃を受けた日本人は、世界への関心をさらに強めた反面、それまでの、世界を見る相対的な視角を失いかけたのである。さらに幕末維新期には、新しい世界を文明的に序列化する風潮のなかで、西洋を絶対視し、それがそのままアジアにたいする全面否定につながった。こうして、近世中葉から近代初期までの日本における世界像の定着は、日本の近代化の未来が、いつも明暗両面の前景をともなっていることを示唆《しさ》していた。

中国の場合——世界の中心たる自負と西洋への無関心

ところで、改革開放を声高に叫ぶ今日の中国では、アジアとかヨーロッパとかという概念にあまり特別な感情を抱いてはいない。たとえばアジアといっても、漠然とした地理的な範囲しか想起できず、むしろ西洋や東洋という概念に、もっと深い意味と文明的な響きを感じるのかもしれない。

明《みん》の中期に、イタリア人の宣教師マテオ・リッチは、漢字表記の、しかも中国を中心に描いた世界図をとおして、中国人に新しい世界像を提示し、五大洲の呼び名(「亜細亜洲」「欧羅巴洲」「亜墨利加洲」「利米亜洲《アフリカ》」……)を紹介した。これは中国人の、世界にたいする空間的な認識に多少の刺激を与えたものの、自国を天下の中心と思っている人々に西洋世界の存在を強く意識させることはできなかった。朝廷を含む一部の知識人があえて宣教師たちとつき合い、天文、地理、数学その他の技術や知識を積極的に吸収したのも、西洋のものをもって補うことがあっても西洋世界に圧倒される心配はまったくないと信じ込んでいたからである。リッチに教わった中国知識人、徐光啓《じょこうけい》(一五六二~一六三三)は、天主教(カトリック)が儒教を補うと信じて洗礼を受け、中国暦数学に西洋の学問を積極的にとり入れながら、同時に科挙の試験で進士にも及第した一人である。徐光啓は西洋世界の存在を認めはしたが、中国に優位する西洋はもちろん、中国と西洋との相対的関係さえも意識していなかった。

このような西洋認識は、やがてカトリック宣教師から西洋の新しい文明の情報が伝わらなくなった清《しん》代後半には、西洋への一層の無関心をもたらした。在来の天下世界に安住する清朝中国の人々にとっては、世界とは何か、世界における中国とは何かという問題は自明であり、究める必要がないものであった。それが、唯一の隣接する西洋国ロシアが強大な存在になり、ときには辺境で騒ぎを起こしたりするようになってからも、清中国が目をつぶって十分な注意を払わなかった理由である。一六八九年八月二十二日、清の康熙《こうき》帝とロシアのピョートル一世のあいだにいわゆるネルチンスク条約(中国では尼布楚条約)が結ばれた。これは清が外国と結んだ最初の対等条約といわれるが、その締結の経緯と内容および清国側の公式な記録をみると、この条約をつうじて清がロシアを対等の存在として意識したとはまだいえない。乾隆《けんりゅう》帝時代に編纂された『大清一統志《だいしんいっとうし》』(一七四四年)は、中国の地誌のほか、朝貢国の部にロシア関係記事を残しているが、その記事には、マテオ・リッチら天主教宣教師のもたらしたシベリアにかんする知識は、まったく採用されていない。おもに、ロシア訪問を経験した図理琛《トゥリシェン》(一六六七〜一七四〇)による『異域録《いいきろく》』(一七二三年)に触れているだけである。その内容は百年後の『大清一統志』の第三次修本(一八四三年)においても基本的に変化がなかった。これはその後の中国におけるロシア認識の停滞を物語っている。

清朝廷にとっては、世界が五大洲からなることを観念的に理解はしても、現実の世界は自国が中心であり、自国以外の存在への関心や研究は、まったく意味がなかったのである。したがって同時代の日本人のように、西洋の存在に注目して、西洋から伝わった新しい知識で在来の学問や知識を批判し、それによって中国文明を越えていく喜びを味わおうという発想は生まれなかった。もともと日本知識人は中国経由の価値観を西洋の価値観と比較しながら批判し、乗り越えていったのであって、中国知識人からすれば、それは自己批判と自己超越になってしまう。清末にいたるまで、西洋文明の刺激は断続的にあるにはあったが、中国知識人を自己批判や自己超越に駆り立てるまでの力はなかった。ゆえに日本では、新井白石をはじめ、蘭学者、洋学者、そして儒学者、国学者たちが、徳川時代後半の世界像の模索《もさく》への機運を大きくつくりだしたのにたいして、同時代の中国では、アヘン戦争前後に、林則徐《りんそくじょ》(一七八五~一八五〇)や魏源などによる世界再認識の動きが登場するまで、相当する動きがなかった。ここに、その後の両国の近代化の分水嶺をみることができる。

清末中国における世界像の転換

アヘン戦争後、魏源をはじめとする知識人は、西洋を含む世界の実像と、そこでの中国の位置づけを意識しはじめた。魏源は在来の天下に安住できなくなった現実を受けとめて、西洋を無視してきたこれまでの世界像を改めることを訴え、相次いで『聖武記《せいぶき》』(一八四二年七月)と『海国図志』(一八四二年十二月)を著して自ら時代の課題に挑戦した。これが一部の進んだ知識人の強い関心をよんで、世界像の再構築を現実的な課題として意識せしめたのである。官僚知識人、徐継畬《じょけいよ》(一七九五〜一八七三)は、公務の暇をぬって五年をかけ、西洋の世界地理学の知識を探究する『瀛環志略《えいかん》』を著した(一八四八年)。時代の先端を走った清末の知識人が、強大な力で迫ってきた西洋列強諸国を目の前にして、西洋を文明的な実体と認め、その優れたところをとり入れて、自国を強めていこうと考えるようになったこと自体、伝統的な「中華」思想では考えられないことである。魏源の新しい世界認識は、清末中国における世界像や自国像の大転換をまねくきっかけとなった。

しかし、西洋を文明世界と認めても、あくまで西洋の優れた部分で中国の足りないところを補うという発想が、無用になるとは限らない。魏源の「夷の長技《ちょうぎ》を師し、以て夷を制する」(「海国図志序」)という言葉にもみられるように、西洋の優れたところを学び、最終的に西洋人植民者の暴走を制御することこそが、理想であり、目標であった。自国の文明の価値観や自然観に相反する、西洋の物質・機械文明万能主義と植民地主義への反発が強いなかで、中国知識人は西洋世界の強大化の秘訣《ひけつ》とその文明的な性質や価値を鑑別し、探索する知的な旅に出発したが、西洋文明を絶対化し、それをもって中国文明にかえる発想は毛頭《もうとう》なかった。ここには中国文明を相対視すると同時に、西洋文明をも相対視する中国知識人の思想態度をみることができる。魏源から洋務派の李鴻章《りこうしょう》(一八二三〜一九〇一)、変法派の康有為《こうゆうい》(一八五八〜一九二七)、梁啓超《りょうけいちょう》(一八七三〜一九二九)、革命家の孫文《そんぶん》(一八六六〜一九二五)、毛沢東《もうたくとう》(一八九三〜一九七六)まで、近代中国思想の担い手たちが一貫して、東西文明の批判的選択を中心とした問題意識をもったのも、両者の相対化が前提にあったからである。彼らは両者の対立的な価値を調和し、先天的な欠陥を切り捨て、両者を超越してよりよい世界文明をつくろうとしていたのである。このような考えは現在の中国でも、なお「中国式社会主義」の名で実践されている。

十九世紀半ばまで、西洋を文明として認めなかった中国と、一〇〇年も前からすでに、積極的に西洋への知的な旅をはじめていた日本。アジアとヨーロッパとを長いあいだ眺め、比較したうえで、後者を新文明のメッカと仰いで国づくりの手本にした日本と、西洋に照らして自国文明を相対化すると同時に、自国に照らして西洋文明をも相対化し、この思想態度を実践しようとした中国。異なった歴史的状況のもとで、両国の知識人はそれぞれ近代化の歩みを進めてきた。彼らこそ、真の意味での世界最初の主役であり、時代を超え、国境を超え、文明を超える存在であったといえる。その想像力に富んだ数々の発見と、試行錯誤をともなう歴史的な実践は、二十一世紀に向かう今日のわれわれを啓発し、深い示唆を与えつづけている。

（原文・日本語）

朝鮮におけるアジア認識の不在

宮嶋 博史

ここでいうアジア認識とは、もちろん地理上のアジアではなく、社会科学や歴史学における、アジアという枠組みについての認識のことである。アジアという分析、あるいは思考の枠組みが強く意識されるようになったのは近代になってからであるが、朝鮮人・韓国人は近代以降、今日にいたるまで、アジアという枠組みで考えることは、ほとんどなかったのではないかと思われる。ひるがって日本をみるに、〝日本人のアジア認識〟〝近代日本のアジア認識〟などという言葉は、きわめてありふれた言葉として流布《るふ》している。ヨーロッパ人の世界認識に端を発するアジアという枠組みが、日本において斯《か》様《よう》に流布しているのは、むしろそれ自体としてアジアのなかでは特異なことではないのか。本文のタイトルを「朝鮮におけるアジア認識の不在」としたのには、こうした筆者の意図が込められている。

今日の朝鮮人・韓国人の世界認識の枠組みが形成されるのは、欧米諸勢力が朝鮮にも進出しはじめた十九世紀後半からである。そして新しい世界認識を最初に提示したのは、いわゆる開化派と呼ばれる人たちであった。開化派とは、欧米や日本の朝鮮への進出という時代状況のなかで、近代化を推進することにより朝鮮の独立を守ろうと、さまざまな政治活動や啓蒙運動を行ったグループである。そこでここでは、開化派に属する兪吉濬《ユギルジュン》（一八五六〜一九一四）と安駉寿《アンギョンス》（一八五三?〜一九〇〇）という二人の人物の世界認識を紹介し、その特徴を論じつつ、彼らの世界認識のなかでのアジアの位置をみることにしたい。

主権国朝鮮の独立と万国公法——兪吉濬の実践的世界認識

兪吉濬は近代朝鮮思想史上、最大の啓蒙思想家といってよい人物である。下級両班《ヤンバン》（朝鮮王朝時代の支配階層）の出身である兪は、開化派の結成に大きな影響を与えた朴珪寿《パクチュス》の門下で、世界の新しい情勢に目覚めた。そして一八八一年に朝鮮政府が日本に派遣した紳士遊覧団の随員として来日、そのまま慶応義塾に入学して、一年余りそこで学んだ。兪の啓蒙思想に福沢諭吉の影響が濃くみられるのは、この留学体験にもとづく。

一八八二年に朝鮮は欧米諸国との初の通商条約を米国とのあいだに結んだが、これにともない、朝鮮政府は翌八三年、米国に報聘使《ほうへいし》を派遣した。兪はこれにも随員として参加し、マサチューセッツ市のダンマー・アカデミーという学校に入学した。かくて彼は朝鮮人最初の米国留学生となり、二年余り米国で学んだ。しかし一八八四年十二月に、朝鮮では開化派の急進分子によりクーデターが勃発したが結局失敗に帰し、開化派の人物たちが処刑されたり、日本に亡命したりするという事件が起きた(甲申《こうしん》政変)。この報を聞いて兪は学業を断念し、八五年に帰国した。

帰国後の兪は、開化派との関連からソウルで軟禁状態におかれたが、実際には日本・米国での留学経験をかわれて政府の外交政策のブレーンとしての役割を果たした。そして一八九二年に軟禁状態を解かれるまでに、朝鮮の啓蒙思想の記念碑ともいうべき『西遊見聞』を著したのである。

この時期、朝鮮では旧来の宗主国、清の支配力が次第に強化されつつあった。これにたいして、日本の支援を頼みつつ起こされた甲申政変の失敗により、日本は劣勢に立たされていたのである。そこで清の支配力の一方的な強化をおそれた国王、高宗《コジョン》はロシアに接近するが、これにたいしてロシアの朝鮮への進出に危機感を深めた英国は、朝鮮海峡の中央に位置する巨文島《コムンド》を占領した(一八八五年四月)。このように朝鮮をめぐる国際関係が風雲急をつげるなかで、兪はいかに朝鮮の独立を保持すべきかという問題に切実な関心を向けていた。

兪の世界認識の特徴としてまず挙げられるのは、国家というものの存在をきわめて重視するとともに、国家間の関係を律するものとしての公法=万国公法に大きな信頼をよせていることである。『西遊見聞』第三篇「邦国の権利」(邦国とは国家の意味)のなかで兪は、「国とは一族が地球の一ヵ所の山川に拠《よ》って、政府を建設し、他の国の管轄を受けないもののこと」としつつ、それは一つの家、一人の人間がその行動を自主的に行い、他の指導や監督を受けないのと同様のことであるとして、論をはじめている。そして主権をもった国であるからには、形勢の強弱、国の起源の善否、土地の大小や人民の多寡によってその権利に差異があってはならない。これを保証してくれるものこそ、公法である。
物質的な不均衡により人々の強弱と貧富には必然的に差異が生じるが、各人が一家の門戸を立てて均等な地位を守ることができるのは、国法の公道により人の権利が保護されているからである。同様に国と国との交際もまた公法により規制して、天地無偏の正理によって差別のない道を行うのであるから、大国も一国であり、小国も一国である。国の上に国なく、国の下に国はないのであり、一国の国たる権利はあちらもこちらも同じ地位で、少しの差異も生じないのである。

このように主権国家どうしには地位の違いはないはずであるが、現実の世界はそうではない。弱小国が強大国の脅威を防ぐために、強大国に保護を求めることがあり、また、貢物を贈って旧来の関係を維持したり、将来の侵略を防止したりすることがある。前者の場合を受護《じゅご》国、後者の場合を贈貢《ぞうこう》国と兪は呼んでいるが、兪の世界認識上のもう一つの特徴は、この贈貢国を属国と区別し、贈貢国はあくまで主権国家であると主張していることである。

属国というものは服事する国の政令・制度に全面的に従い、外交・内治において自主の権はまったくない。贈貢国はみずから情勢の不利を思って、強大国の侵侮を免れるために、心ならずも約章に従って貢物を贈るのであって、その固有の権利を享受し、その独立を保つことができる。だから贈貢国は、他の独立国が行使する権利を行使することができるのであって、世界の中の堂々たる独立国なのである。

兪のいう受護国と属国の区別は曖昧《あいまい》であるが、贈貢国という概念を用いつつ、それが独立国であることを強調する彼の意図が、当時の清と朝鮮の関係を強く意識したものであったことはいうまでもない。

『西遊見聞』における贈貢国や属国という考え方は、兪が米国から帰国した直後に執筆された「中立論」においてすでにみられる。「中立論」は、さきに指摘した高宗のロシアへの接近と英国の巨文島占領といった事態のなかで、清の保証のもとで朝鮮を中立国とする構想を展開したものであるが、そのなかで中立国の例としてベルギーとブルガリアを挙げつつ、両国と朝鮮の国際関係上の地位を比較している。すなわち、朝鮮がアジアの要衝《ようしょう》に位置しているのは、ベルギーがヨーロッパの要衝に位置しているのと近似している一方、朝鮮が中国の貢国(『西遊見聞』での贈貢国のこと)であるのはブルガリアがトルコの貢国であるのと近似している。しかしブルガリアは他の国と条約を結ぶ権利を有していないのにたいして、朝鮮はこの権利を有しているから、朝鮮の位置はベルギーとブルガリアの位置を兼ね備えたものである。――朝鮮を贈貢国としながらも独立国であるとし、それによって清の支配強化を防ごうとする『西遊見聞』のきわめて実践的な世界認識につながるものが、すでにみられるのである。

欧米近代文明への無批判

しかしこのことは、主権をもたない国＝属国や、兪の概念ではそもそも国とはとらえられない植民地にたいする認識を、きわめて不十分なものとする結果を生み出した。これが彼の世界認識のもう一つの特徴といえるだろう。

『西遊見聞』第一篇の「邦国の区別」では、世界の六大陸ごとに国名を紹介しているが、「アジア州」で列挙されている国は、朝鮮、清国、日本、安南、シャム、ビルマ、アフガニスタン、インド、ネパール、チベット、ペルシアの十一ヵ国である。このほかに、コーチシナやトルキスタン、カンボジアなどの名前も紹介されているが、これらは「わずかに自主するものあり、他人に附庸《ふよう》するものあり」として国とは見なされておらず、またシリア、パレスチナ、アラビアなどはトルコに附庸する地方として紹介されているにすぎない。インドは英国の属地であるが、邦国の一つとして挙げているのは、そのなかに英国の完全な属地となっていない地域があるからであると断っている。完全な植民地であったフィリピンやジャワにいたっては、まったく名前が見えていない。

こうした認識構造は、主権国としての朝鮮の独立をいかに守るかという現実的要請の然らしむるところであったことは否定できないが、同時に万国公法への過度の楽観的態度と、欧米近代文明への批判の弱さという、兪の世界認識の特徴をもたらしたのである。彼によれば、属国や植民地の地位になったのは、その国や地域の政府および人民の無知、怠惰《たいだ》によるものであるわけで、『西遊見聞』でも、アメリカ先住民の、教育への無関心が批判的に紹介されている。

兪吉濬におけるアジア認識の不在は、このような彼の世界認識の構造に由来すると思われる。『西遊見聞』第十四篇中の「開化の等級」のなかで、兪は開化、半開化、未開化の三つの等級をつけているが、半開化である朝鮮をいかに開化の段階に高めるかが彼の思想的・実践的課題なのであって、未開化への関心は生じようもない。世界をこのように開化の等級によって認識するならば、アジアはどこまでも地理的な概念にすぎない。そして半開化としての朝鮮が歩むべき道を模索するとき、その参照例は、「中立論」にみられるように、ベルギーやブルガリアというヨーロッパの国々で、一向に差し支《つか》えなかったのである。

東アジア三国同盟による独立——安駉寿の「脱亜」

朝鮮は世界的にみて、もっとも遅く近代ヨーロッパ文明と接触した地域の一つといってよいだろう。そして朝鮮が近代ヨーロッパ文明と本格的に接触した十九世紀後半という時代は、すでに世界の編成が大きくヨーロッパ中心のそれに変わっていた時代であった。開化、半開化、未開化という〝等級〟は、兪の目前にいわば所与のものとしてあったのであり、なぜそのような〝等級〟がつくりだされたのかを根源的に問いかけること自体が困難な状態で、ヨーロッパと出会ったのである。したがって兪にみられるこうした世界認識の特徴は、以後の朝鮮人の世界認識にも否応なく引き継がれていかざるをえなかった。その一例として、安駉寿の「日清韓同盟論」をとり上げておこう。

安は兪とほぼ同じ世代に属する人物であるが、その政界での活躍は兪よりも遅れ、一八九三年に典圜局《てんかん》(造幣局)の官員として来日、西洋式の貨幣鋳造方式を学び、帰国して新式貨幣を鋳造したことで政界に登場した。そして日清戦争中、日本の支援のもとに成立した開化派政権に参画し、その要職を務めたが、一八九八年に国王・高宗の譲位陰謀事件に関与した嫌疑で日本に亡命した。「日清韓同盟論」はこの日本亡命中に書かれたもので、安が韓国に帰国（一九〇〇年一月）したのち、雑誌『日本人』の一一六号から一二三号に翻訳、連載された。彼の帰国は日本の駐韓公使であった林権助の斡旋《あっせん》によるものであったが、結局逮捕され、一九〇〇年五月に処刑された。

「日清韓同盟論」は、同盟というものの概念から説きはじめ、東亜の形勢を詳細に論じたのち、日本を盟主とする三国同盟を結ぶことで、東亜の独立を保全すべきことを主張している。このなかで安は、アジアの現状について、次のように述べている。

一たび亜州の頽勢《たいせい》に稽《かんが》うれば、西比利亜《シベリア》広漠千里の野は露に略せられ、印度は英国の宝庫たり。安南・緬甸《ビルマ》は英仏に隷し、暹羅《シャム》の危機日に逼《せま》る。近く亦英仏の鬼眄《きべん》を見んとす。中央亜細亜は英露の争衡地となり、邦家の隆替、素《もとより》二国の制の儘《まま》なるのみならず、無知の蛮民、彼此《ひし》墻《かき》に鬩《せめ》ぐ（うちわもめをすること）間に漸く他の侵占する所と為らんとす。波斯《ペルシア》の如きも、露独英の経営日夜休まず、其の能《よ》く謂《い》う所国と云《い》うものあらんや。亜州五九六万余方里の地尚《な》お能《よ》く独立を保ち、家国の体を維《つな》ぐもの亦若干もなし。

安も兪と同じく、国家というものの存在を重視し、ヨーロッパの侵略によりアジアには国家の体をなす地域がほとんど残っていないとみている。その原因をアジアの側に求めていることは、「無知の蛮民……」という表現からうかがえるところである。こうしたアジアの現状のなかで、唯一、東アジア三国だけに独立を保つ可能性があるが、その原因を彼は歴史に求めている。

抑《そもそ》も清韓両国今や乃《すなわ》ち衰弊の極に達すると雖《いえ》ども、其の能《よ》く東方に国を建つること上下数百千年、世代の盛衰興亡は時に之を免れずと云え、清朝既に三百余年の社稷《しゃしょく》を保ち、我韓国亦大朝鮮を統一し、王業の基を肇《はじ》め給《たま》いてより、此に五百有余年、今に於て頑陋《がんろう》の旧夢を攪破し、内は以て其の兵制に財政に一大革新の実を挙げ、外は以て欧西列強が貪餮《たんさん》飽くなきの慾を絶ち、綱紀張り、威信加り、永く東洋の衰運を挽回して、中興の偉業を奏せんこと、是れ清韓両国が常に励まざるべからざるの責務たらずや。

このように清・韓両国が国家としての長い歴史をもっていることが、アジアで唯一の強国である日本の存在とあいまって、安の三国同盟論の根拠となっているのである。これは福沢諭吉とはまた異なった意味での脱亜の主張であり、東アジアの三国を他のアジアから切り離そうとしたものであった。そして他のアジアは主権をもたない地域として位置づけられ、共感・連帯すべき対象とは見なされなかった。

兪・安にみられる世界認識は、一九一〇年の日本による植民地化のあとにも、あまり変わらなかったように筆者には思われる。というのも、植民地支配から解放された韓国、北朝鮮の建国路線は、兪が構想した半開化から開化への発展というものを基本的に受け継ぐものであったと思われるからである。アジア認識というものが解放後の韓国・北朝鮮でほとんど語られることがなかったのも、恐らくそのことと関係しているのであろう。こうした朝鮮におけるアジア認識のあり方(不在)と比較してみると、日本におけるアジア認識の氾濫《はんらん》はむしろ胡散臭《うさんくさ》くもみえてくるのである。

■アジア史上の人物たちにおける「アジア」■

孫文「大アジア主義」講演に何を読むか

——見抜かれた「日本的」アジア観の誤謬

石井 明

中国国民革命の指導者で、国父と称される孫文(一八六六〜一九二五)は、不思議な魅力をもった人物で、多くの日本人をひきつけ、朝野のさまざまな日本人が孫文の革命運動を支援した。この孫文が日本を含めたアジアにたいして、どのようなイメージをもっていたかについては、これまで研究が積み重ねられており、最近では藤井昇三・横山宏章編『孫文と毛沢東の遺産』(研文出版、一九九二年)所収の藤井昇三「孫文の民族主義」が孫文のアジア認識に言及している。

藤井は、孫文が、アヘン戦争以来の欧米列強のアジア侵略への対抗策を絶えず模索してきており、そこに孫文のアジア認識の原点があった、と指摘したうえで、孫文のアジア観に一貫してみられるアジア諸民族連帯重視の思想を孫文の「アジア主義」と呼んでいる。そして、孫文の「アジア主義」思想の構成要素は、一九一九年六月以前とそれ以降で変化している、と説く。すなわち、一九一九年六月以前は、アジアの黄色人種が団結して、欧米の白色人種に対抗すべきである、という意味での「黄白人種闘争観」と、アジアの黄色人種団結の中心的勢力として、日中両国の提携を重視する日中提携論という二つの構成要素が存在していた。それが、第一次世界大戦期から、日本の対中侵略の加速化という現実に直面して、一九一九年六月以降は正面から日本を批判するようになった、というのである。その後、孫文はソビエト・ロシアの支援を受け入れ、それまでの、北京政府に反対する立場をとる地方軍閥や会党(秘密結社)に頼る政策を次第に修正し、大衆のなかから国民党の再組織化(「国民党改組」)をはかり、広大な底辺をもつ革命的大衆政党を築きあげようとした。日本にたいしても、政治支配層への期待は減少し(冷たくあしらわれたことにもよるが)、次第に民衆に直接、呼びかけるようになる。

また藤井は、孫文は「黄白人種闘争観」も次第に清算しており、一九一九年以後の孫文の「アジア主義」について、抑圧の打破、民族の解放を前提にしてアジア諸民族の提携・連帯をめざす「アジア主義」へと変質した、と主張している。本稿では、こうした後期の孫文のアジア観が如実に現れている神戸での講演の内容を検討しながら、孫文が当時、日本を含むアジアに向けて発したメッセージのもつ意味について今一度、考えてみたい。

アジアのすべての民族の独立のために

孫文は北京で客死する前年の一九二四年十一月、日本を訪れた。列強の認知している北京政府(段祺《だんき》

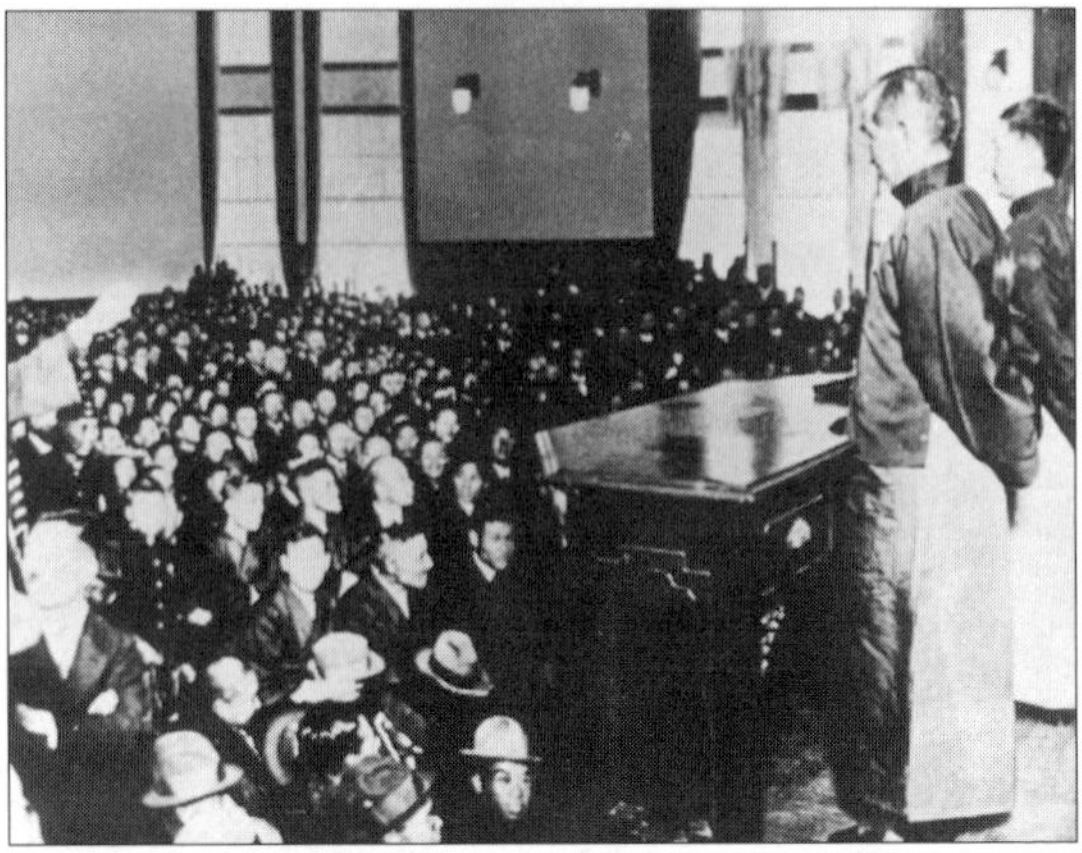

1924年11月28日，兵庫県立神戸高等女学校講堂で講演する孫文
写真提供　兵庫県立神戸高等学校

瑞《ずい》政権）に対抗して、南方の広州に打ち立てた広東政府の大総統としての来日であった。広東政府大総統といっても、実効支配している地域は南方の一角に限られており、要するに地方政権の指導者にすぎない。

十一月二十八日、孫文は神戸で神戸商工会議所等五団体にたいして「大アジア主義」と題する講演を行った。もっとも「大アジア主義」という演題は主催者側から出されたもので、孫文が日頃から「大アジア主義」とか「アジア主義」といった言葉を好んで使っていたわけではない。しかし、孫文はこの講演のなかで、集まった日中両国民にたいして率直に、当時もっていたアジア観、そしてアジアに位置している日本のあり方について語っている。

孫文は冒頭、「大アジア主義」について論ずる際には、まずアジアとはどのようなところかという点について、はっきり理解しておかなければならない、と指摘し、自らの考えを明らかにしている。

わたくしは、わがアジアは、世界最古の文化が発祥したところであると考えています。数千年まえ、わがアジア人は、すでに非常に高い文化をもっていました。というのは、ヨーロッパ最古の国家、たとえば、ギリシア、ローマのような古い国家の文化は、みなアジアから伝わっていったのであります。わがアジアには、昔から哲学的な文化、宗教的な文化、倫理的な文化および工業的な文化をもっていました。これらの文化は、古くから世界で、たいへん有名でした。さらに近代世界の最新のさまざまな文化におしひろげていっても、すべてわれわれのこの古い文化から発生したものであります。

しかし、その後、アジアの諸民族、諸国家は衰退し、かわってヨーロッパの諸民族が興隆し、ヨーロッパが強大になる。彼らはアジアの諸民族、諸国家を一つ一つ滅亡させるか、もしくは抑圧してきた。

孫文はそのあとで、アジアの衰退も行きつくところまで行ったところで、転機が生まれた、と説く。その転機がアジア復興の出発点となったのであり、日本が不平等条約を廃棄したその日こそ、わがアジア民族復興の日だった、と指摘している。日本がいわゆる条約改正(法権回復)に成功したのが一八九四年。孫文の講演の三〇年前である。孫文は、三〇年前は日本もヨーロッパの一植民地であったが、不平等条約を廃棄して、アジアで最初の独立国になった、と主張する。つまり、独立国といえるかどうかの基準を、不平等条約を廃棄したかどうかにおいているわけである。そして、日本が不平等条約を廃棄し、独立することができたのだから、アジアのすべての国と民族は、それを手本にしてやることができると考え、独立運動を行ってヨーロッパ人の束縛から逃れようとし、ヨーロッパの植民地に甘んじるのではなく、アジアの主人公になろうとした、と述べている。

孫文の講演はそのあと、日露戦争における日本の勝利に触れ、「アジアのすべての民族は、有頂天になり、大きな希望が生まれました」とか、「日本がロシアに勝利したその日から、全アジアの民族は、ヨーロッパを打倒しようと考え、独立運動を起こしました」といった、日本人聴衆の耳をくすぐる言葉がつづく。しかし、孫文が言いたいのは、全アジアの民族の独立運動の提携であり、そのなかでの日中両国の提携である。

東アジア最大の民族は、中国と日本であり、中国と日本こそ、この独立運動の原動力であります。この原動力が力を発揮した結果、どうなるか、われわれ中国人は、いまは気がつかず、あなたがた日本人も、いまは気づいていません。だから、中国と日本は、現在では、まだ大きく提携していません。将来の時代の潮流の赴くところ、われわれ東アジアに住む各民族も、ぜひとも提携しなければなりません。

王道か覇道か

孫文の講演は東洋文化と西洋文化の比較・衝突の問題に移る。孫文の言うところを聞こう。

東洋の文化は王道であり、西洋文化は覇道であります。王道をとなえることは、仁義、道徳を主張することであり、覇道をとなえることは、功利と強権を主張することであります。

そして、東西文化の優劣が当然おわかりになったでしょう、と説く。孫文が言いたかったのは、「大アジア主義」を打ち立てるには、われわれの固有の文化を基礎としなければならない、すなわち仁義、道徳こそが「大アジア主義」の優れた基礎である、ということであった。ただ、この段階の孫文の議論はすでに単純な、アジアとヨーロッパがぶつかる、といったレベルを越えていることに注意しなければならないだろう。孫文は、イギリスやアメリカにあっても、少数だが、仁義と道徳を提唱する人がいる、と指摘する。そのうえで、ロシア革命後のロシアに目を向けるよう主張する。

現在、ヨーロッパには新しい国家が一つあります。この国家は全ヨーロッパの白人から排斥され、ヨーロッパ人から毒蛇や猛獣のようにみられ、人類でないようにみられ、あえて接近するものはありません。わがアジアでも多くの人が同じ目でみています。その国家とはどこか。ロシアであります。ロシアは現在、ヨーロッパの白人と分家しようとしています。どうしてそのようにするのか。それはロシアが王道を主張し、覇道を主張しないからです。ロシアは仁義、道徳をとなえ、功利と強権をとなえようとはしていません。ロシアは公正な道をあくまで主張し、少数が多数を圧迫することに賛成しないのであります。

孫文は結論を急ぐ。

圧迫をうけている民族は、アジアにだけあるのではなく、ヨーロッパの中にもあります。覇道を行なう国家は、外の州や外国の民族を圧迫しているだけでなく、みずからの州やみずからの国においても、同じく圧迫しています。

結局、孫文は世界の「被圧迫民族のために不平等を打破しなければならない」と主張しているのである。「われわれが『大アジア主義』をとなえるとき、王道を基礎とするのは、不平等を打破するためです」とも述べているが、逆に言うと覇道を基礎にした「大アジア主義」はニセモノであるといい切っていることを見抜かなければならないであろう。

このように、孫文は、日本のアジア進出を正当化する、日本人好みの「大アジア主義」の議論に乗るかたちで議論を進めながら、最後は、「抑圧されたアジア」対「抑圧するヨーロッパ」という図式を乗り越える論理を提示している。そして、最後に率直に日本の朝野にたいして、王道か、それとも覇道か、どちらの道を選択するつもりなのか、問いかけたのである。

あなたがた日本民族は、欧米の覇道の文化を取り入れていると同時に、アジアの王道文化の本質ももっています、日本がこれからのち、世界の文化の前途に対して、いったい西洋の覇道の番犬となるのか、東洋の王道の干城《かんじょう》となるのか、あなたがた日本国民がよく考え、慎重に選ぶことにかかっているのです。

「干城」とは、干(たて)と城という意味であり、日本が王道の守り手となるよう求めたわけだが、日本がそのあと、どんな道を歩みつづけたかは言うまでもない。この孫文の神戸演説の記録を読み返すと、無論、日本の民衆にたいする「期待」も窺《うかが》えるが、それよりも日本国家にたいする強い「失望」が読み取れる。

国民党の反帝国主義への傾斜

こうしたアジア観、国際情勢観はひとり孫文のみがもっていた発想ではない。国民党自体、再組織化(「改組」)の過程で、次第に帝国主義にたいする認識を深め、国民党の唱える「三民主義」の一つである民族主義(他の二つは民権と民生主義)の内容を再定義していった。

一九二四年一月二十日、中国国民党は広州で第一回全国代表大会を開いた。同月二十三日、大会宣言(汪精衛《おうせいえい》起草)が採択された。この宣言は内容的には、中国国民党宣言(一九二三年一月、汪精衛・胡漢民《こかんみん》起草)、中国国民党改組宣言(一九二三年十一月)の延長線上にある。最も注目すべきは民族主義の項で、帝国主義にたいする強硬な態度を打ち出したことであろう。中国国民党宣言中では、不平等条約の改正、国際上の自由平等の地位の回復を主張しつつも、「吾党の所持する民族主義は消極的には民族間の不平等を除去し、積極的には国内各民族を団結させ、一大中華民族を完成させることである」と、中国人の民族的誇りを回復することに重点があった。が、中国国民党改組宣言中の「外国の経済的帝国主義」批判(初めて国民党が公式宣言中で帝国主義に言及)を経て、第一回全国代表大会宣言では、国民党の民族主義は(一)中国民族が自ら解放を求めること、(二)中国国内の各民族がすべて平等であること、の二点に意義がある、と指摘している。しかも、「民族主義はいかなる階級にとっても帝国主義の侵略を取り除く以外にその意義はない。……民族解放の闘争とは多数の民衆にとって帝国主義反対を目標とするものにほかならぬ」と述べている如く、力点は(一)に移行している。

その後、一九二五年三月、孫文は「余、国民革命に力を致すこと凡そ四十年」に始まり、国民革命の目的が中国の自由・平等を求めることにあるとし、民衆を喚起《かんき》し、世界中の中国を平等に待遇する民族と連合して、共同奮闘するよう呼びかけた遺嘱《いしょく》(汪精衛起草)を残して、亡くなった。この遺嘱は中華民族のナショナルな心情に強く訴えるものがあるが、この遺嘱において第一回全国代表大会宣言にもでてこない「共同奮闘」という語がはじめてでてくる。「共同奮闘」の相手について、国民党は一九二六年一月、広州で開いた第二次全国代表大会の宣言で、遺嘱を引用しつつ、「中国を平等に待遇する諸民族、すなわちソ連及びすべての植民地・半植民地の被圧迫民族」と明記している。提携すべき相手は何よりもまず「進んだ革命的国家」ソ連となったのである。国民党勢力はその後、北京の軍閥政府を軍事的に打倒しようとして、「北伐《ほくばつ》」を始め、その過程で日本の権益とぶつかるようになる。

こうした孫文のアジア観の変遷、そして国民党の反帝国主義への傾斜から、改めて思うことは、日中間の政治的現実、すなわち不平等条約の存在から目をそらした「アジア主義」、日中提携論のあやうさである。不平等な関係に気づかないふりをして、「連帯」を押しつけても、こちらの狙いは相手に見抜かれている、ということである。

(神戸演説の翻訳は『孫文選集』第三巻、社会思想社、一九八九年より引用した。)

■アジア史上の人物たちにおける「アジア」■

マハートマ・ガンディーのアジア

——世界に伝える、愛と真理のメッセージ

森本 達雄

同時代のインドの国民大衆から「マハートマ（偉大な魂《たましい》）」の尊称で敬愛されたガンディーは、一八六九年、すなわち明治二年にインド北西部のカーティヤーワール半島の小藩王国の宰相の家に生まれた。藩王国というのは、イギリス直轄領とは違い、いちおう形のうえでは土着の藩王の支配下におかれた自治領ではあったが、事実上は完全に外国政府の傀儡《かいらい》政権であった。少年ガンディーは、物質的には比較的恵まれた環境ではあったが、君主すら頭の上がらぬ影の支配者の専横に腐心する、父の苦労と勇気を見て育った。

父の死後、青年は兄の援助でイギリス留学を果たしたが、このとき母の許しをもらうために誓った、いわば方便としての菜食主義を、肉食を常とする西洋社会で、誓いの相手である母の考えどおりに実行するために、ガンディーは幾日も空腹をかかえていなければならなかった。見かねた周囲の人たちが翻意をうながしたが、ガンディーは断固として言った——

どんな誓いにせよ、誓いは誓いであり、誓いに自分の勝手な解釈を加えることは裏切り行為です。

と。これは、政治家ガンディーが生涯にわたってつらぬいた信念であった。

留学当初は、「イギリス人よりイギリス人らしくなろう」として服装や身だしなみに凝《こ》り、先進社会の教養を身につけようと、社交ダンスやヴァイオリンのレッスンを受けるなど涙ぐましい努力をするが、やがてガンディーは自分の「猿まね」の愚かさに気づき、文明社会の「俗物主義《スノビズム》を卒業」する。そして西洋文明の中心地ロンドンで、国では開こうともしなかったヒンドゥー教の聖典『バガヴァッド・ギーター』を繙《ひもと》き、仏陀《ぶつだ》の生涯を謳《うた》ったエドウィン・アーノルドの『アジアの光』を愛読して、自己の内深くに眠っていた民族の魂を喚《よ》び覚まされた。同時に彼は『聖書』にもしたしみ、すべての宗教に通底する真理を、すなわち愛と自己犠牲の精神を学んだのである。

イギリス滞在中の一八八九年に、ガンディーはパリの万国博覧会を見物に行き、博覧会最大の呼び物であったエッフェル塔を見たときの印象を、後年このように想起している――

エッフェル塔にはなんら芸術的な美しさはない。それはいくらかでも博覧会の美に寄与しているとはとうていいえない。人びとは群がって塔を見上げ、それが珍しく、ばかでかいものであるので、塔に登る。それは博覧会のおもちゃである。

と。われわれはここに、早くも後年のガンディーの徹底した西洋物質文明批判の第一声を聞くのである。ガンディーは、当時のアジアの国々からヨーロッパに学んだ青年たちの多くのように、無条件な西洋文明の崇拝者・礼讃者になることはなかった。

今回この小論を書くにあたり、筆者はまずガンディーの膨大《ぼうだい》な著作から、「アジア」という語をひろいだそうとしたが、意外なことに、晩年のいくつかの講演・論説を除いては、ほとんどその語に遭遇することはできなかった。ガンディーには、早くから西洋《ウエスト》にたいする東洋《イースト》という思想・文化の概念はあったが、アジアという地域ブロックの概念は存在しなかったということであろう。事実、彼は帝国主義の同じ桎梏《しっこく》に苦悩するアジアの諸民族に深い同情と共感を寄せてはいたが、それらの民族との政治同盟や共闘は考えなかった。なぜなら民族の解放（それは政治的な自由と同時に精神の自由の達成でなければならない）は、それぞれの民族が自ら選んだ最上の方法によって獲得されなければならない、と彼は確信していたからである。ガンディーの政治哲学によれば、正しい目的は正しい手段によってのみ成就《じょうじゅ》できる。いいかえれば、正しい手段の集大成が崇高な目的を達成することになる。したがって彼は、あえて「真理と非暴力」という未曾有の手段を選び、同胞とともに茨《いばら》の道を歩んだのである。

インド人のアジアと日本人のアジア

いま、私たちがアジアというとき、その概念は広く、多様である。実感としてのアジアは、それぞれの地域の民族や、ときには個人によってさえ異なる。日本人は一般に、西洋人が「ファー・イースト」と呼ぶアジアの東の果てを起点として、太平洋戦争中に日本軍が侵攻した、いわゆる「大東亜共栄圏」の方向へ、すなわち中国から東南アジアへと視線を向けるが、ヨーロッパ人が「オリエント」としてまっさきに思いうかべる「近東・中東」まではおよばない。せいぜい、日本軍の侵攻が挫折《ざせつ》したインドあたりまでが、私たちの通念としてのアジアの限界であろう。この場合、インドを含めるかどうかも、きわめて主観的である。ある人はインドを、アジア世界最大の宗教である仏教発祥の地として、共通のアジア文化圏と考えるだろうし、またある人は、インド民族の主流をヨーロッパ人と祖語を共にするインド・ヨーロッパ語族に属するアーリヤ人であるとして、彼らの論理や思考方法に違和感をいだく。

同じことが、インド人の側からもいえよう。彼らがアジアを考えるとき、まず地理的に念頭に思いうかべるのは、インド亜大陸に属する国々であり、つぎに西南アジアや東南アジアの周辺諸国であり、歴史的に関係の深い中国であろう。しかし、彼らにとって日本は、久しく、文字どおりの「粟散《ぞくさん》の辺地」であった。

一九六〇年代の初め、私が初めてインドを訪れ、その国の知識人たちと話して驚いた（考えてみれば、なにも不思議なことはなかったのだが）のは、当時、海外旅行が容易でなかった日本人がインドを知らなかった以上に、彼らが日本を知らない、というより無関心であったことである。政治・経済・文化と、彼らの目は、もっぱら欧米諸国に向けられていた。その後、日本経済の高度成長にともない、彼らの関心は徐々に「アジアの先進国」にも注がれるようになり、とくに一九九〇年代に入って、インド政府が新経済政策を標榜《ひょうぼう》し、経済の自由化を推進するなかで、両国企業の期待と思惑《おもわく》は急速に高まりつつあるようである。しかし、こうした両国の接近は、はたして二十一世紀の世界的視野から、諸手《もろて》をあげて歓迎すべき現象であろうか。日本はほんとうに、真の意味での「アジアの先進国」なのだろうか。アジアの国々が互いに「近代文明化」を急ぎ、アジア離れをすることが、これからの世界と人類にどんな意味と結果をもたらすのだろうか。これらの問いについて考えるヒントを、いまいちどガンディー思想に(できるだけ、彼自身の言葉で)たずねてみたい。

ガンディーの目に映った「大東亜共栄圏」

一九三八年二月に、日印交流に熱心であった大東亜省委員(のち衆議員)の高岡大輔がガンディーを訪ね、両国間の協力・提携について意見を求めたとき、ガンディーは「日本がインドに貪欲な目を向けるのをやめれば、それは可能でしょう」と、ぶっきらぼうに答えたという。彼は言った——

「アジア人のためのアジア」という謳い文句が、反ヨーロッパ連合を意図するのなら、私はそのような主義には同調しかねます。アジアがいつまでも井の中の蛙のままでいることに満足しないのなら、どうして「アジア人のためのアジア」などと言っておられましょう。しかし、アジアは井の中の蛙でいることはできません。アジアがもし、自らのメッセージに忠実に生きるなら、アジアには全世界に伝えるべきメッセージがあります。インド、中国、日本、ビルマ、セイロン、それからマレー諸島の国々を含めて、アジア全土に仏教の影響の跡が見られます。……アジアがアジアのためではなく、全世界のためのアジアであるためには、アジアはもういちど仏陀のメッセージを学び、それを全世界に伝えなければなりません。今日仏陀の教えは至るところで否定されています。したがって、わたしからあなたにお伝えするメッセージは、あなたがたは祖先の遺産に忠実でなければならない、ただこれだけです。

日本の「大東亜共栄圏」構想をガンディーがどのように受けとめていたかは、一九四二年七月に「すべての日本人に」宛てた彼の公開状（この書簡は戦時下の日本では完全に無視されたが）に明らかである。

最初にわたしは、あなたがた日本人に悪意をいだいているわけではありませんが、あなたがたが中国に加えている攻撃を極度に嫌っていることを、はっきり申し上げておかなければなりません。あなたがたは、崇高な高みから帝国主義の野望にまで堕してしまわれたのです。あなたがたはその野心の実現に失敗し、ただアジア解体の張本人になり果てるかもしれません。

このような書き出しで始まる歴史的な書簡で、ガンディーは言った——

わたしたちの〔独立〕闘争には、外国からの援助は必要ありません。聞くところでは、あなたがたのインド侵攻が差し迫っているという好機をとらえて、わたしたちが連合国を窮地に追いやっているというふうに伝えられているそうですが、それはゆゆしい誤解です。……英国勢力のインド撤退を要求するわたしたちの運動を、けっして誤解なさってはなりません。……伝えられるところのあなたがたの宣言は、あなたがたの無慈悲な中国侵略と矛盾しています。あなたがたがもしインドから快い歓迎を受けるものと信じておられるなら、幻滅の悲哀を感じることになりましょう……イギリスの撤退を要求する運動の目的と狙いは、インドを解放することによって、イギリスの帝国主義であろうとドイツのナチズムであろうと、あるいはあなたがたの日本型のものであろうと、いっさいの軍国主義的・帝国主義的野心に抵抗する準備をインドがととのえることにあります。

と。ガンディーが日本人に宛てた公開状の要諦《ようてい》は、日本人が隣家(中国)に押し入って盗みをはたらきながら、向かいの家(インド)の盗賊を追い払ってやろうと、いくらきれいごとを並べても、向かいの家の住人としては、そんな巧言《こうげん》は信じられませんよ、ということであった。

「東洋と西洋」の構造を超えて

ガンディーによれば、もともと地球上の人間の暮らしには、東洋も西洋もなかった。西洋人が東洋人を支配し、蔑視《べっし》するようになったのは、「完全に物質的なものである近代文明」が西洋に起こってからである。「したがって、インドを支配しているのは、実はイギリス人ではなく近代文明」である、さらにいえば、インドに久しくイギリス支配を放置してきたのは、イギリス人の政治手腕や武力よりも、むしろ西洋文明を欲《ほ》しがるインド人のさもしい欲望である。しかもこの場合、近代文明に侵されているのは、被支配者であるインド人だけではなく、精神的には、支配者自身であることに気づかなければならないと、ガンディーは考えた。

ガンディーのこの危惧《きぐ》と予言は、不幸にも的中した。西洋文明はついに、人類の頭上に原子爆弾を炸裂《さくれつ》させたのである。「わたしは、男女や子供を問わず、無差別大量殺戮《さつりく》のために原子爆弾を使用したことを、科学力の最たる極悪非道と見なしている」とガンディーは痛言した。そして、将来考えうる、大国の核保有による核抑止の論理にたいし、このように警告した――

世界が原子爆弾の破壊力にほとほとあいそをつかしたために、ここ当分のあいだは暴力から遠ざかることになるだろうという意味なら、たしかにそのとおりであろう。けれどもそれは、山海の珍味を吐き気がするほど食べた人がしばらくはご馳走に見向きもしないが、むかつきがおさまると、旧に倍する食欲をもってがつがつ食い始めるのとひじょうによく似ている。同様に、世界は嫌気が解消すれば、新たな熱意をもって暴力にたちもどるだろう。

インドが念願の独立を目前にした一九四七年三月に、デリーで開催された第一回アジア諸国関係会議で発言を求められたとき、ガンディーはいまなお外国の植民地または反植民地の地位に苦しむ国々の代表たちに向かって言った――

アジアの代表者たちがすべて一堂にお集まりです。それはヨーロッパにたいして、あるいはアメリカやその他の非アジアの国に戦いを挑むためでしょうか。わたしは断固として〈否《ノー》〉と言いたい。そのようなことは、インドの使命ではありません。インドが本質的に、また主として非暴力の手段によって独立を獲得したのち、もしその独立を世界の他の地域を抑圧するために用いるようなことがあれば、それこそわたしは嘆き悲しむことでしょう。それは、ヨーロッパがこれまで、アジアと呼ばれるこの広大な大陸に住むさまざまな民族にたいしてやってきたことです。

と。

彼が会議に望んだのは、アジアの国々が勢力を結集し、協力してヨーロッパに対抗することではなく、「ただ一つの世界を築くべく、ひとしく尽力すること」であった。相互の利益のみを目的とする特定の国家・地域間の協力が、他の国家・地域の競争心や猜疑心《さいぎしん》をかきたて、脅威を与えることを、ガンディーはなによりも危惧した。「世界が一つになるのでなければ、わたしはこの世界に生きたいとは思いません」——これがガンディーのアジアの代表者たちに向けた信仰告白であった。

二十世紀の歴史に大書される、後年のアジア・アフリカ会議(バンドン会議)の先がけをなす、この会議の閉会式で、ガンディーは「アジアのメッセージ」と題する記念講演をおこない、ゾロアスター、仏陀、イエス、マホメットなど、人類の先賢たちの叡知《えいち》がかつてアジアから西洋へと流出した(ここでも、初めに述べたインド人と日本人の、アジア地域に関する意識の相違がうかがえよう)ことを想起して、代表者たちに訴えた——

わたしがみなさんに理解していただきたいのは、アジアのメッセージです。それは西洋の眼鏡をとおして、あるいは原子爆弾の模倣を介して学べるものではありません。もしみなさんが西洋にメッセージを送りたいと思われるなら、それは愛のメッセージであり、真理のメッセージでなければなりません。……みなさんは、搾取されたから復讐《ふくしゅう》するというのではなく、ほんとうの理解によって西洋を完全に征服することができるのです。みなさんが、ただ頭脳を集めるだけではなく、心を一つにして、東洋の賢者たちが遺《のこ》してくれたメッセージの奥義を理解し、東洋人として本当に偉大なメッセージにふさわしくなるなら、西洋を完全に征服できると、わたしは楽観しています。この征服は、西洋自身にも喜ばれることでしょう。

はたしていま、マハートマの「静かな良心の声」は、アジアと世界の耳にどのように聞かれるのだろうか。

■アジア史上の人物たちにおける「アジア」■

ベトナム民族運動家ファン・ボイ・チャウとアジア

白石昌也

東遊運動《ドンズー》

一九〇五年の初夏、日露戦争の余燼《よじん》冷めやらぬころ、ファン・ボイ・チャウ(潘佩珠、一八六七〜一九四〇。以下、ファン)は二人の同志とともに、上海からの船で神戸港に到着し、汽車で横浜へと向かった。彼らがベトナムを密出国して日本をめざしたのは、植民地支配者フランスを打倒するために必要と判断した武器を調達するためであった。また、日本到着後横浜に直行したのは、中国人の亡命政客、梁《りょう》啓超《けいちょう》が、横浜の中華街に滞在していたからである。

しかし、梁啓超、そして彼の紹介をつうじて接触した犬養毅《いぬかいつよし》、大隈重信《おおくましげのぶ》、柏原文太郎《かしわばらぶんたろう》など日本人は、武器の調達や即時の武装蜂起よりも、人材の養成がまず第一の急務であることを、ファンに忠告した。

ファン自身、日本での見聞をつうじて、革命運動にはそれを担う人材の確保が必要であることを痛感し、ベトナム青年を日本に留学させる運動(東遊運動)に着手した。最盛時には、留学生の数は二〇〇人近くに達した。

「同文同種」から「同病」諸民族のアジアへ

渡日当初のころのファンの脳裡《のうり》にあった国際関係認識は、白色人種(欧州)対黄色人種(亜州)の対抗図式を基軸とするものであった。そのような見取り図のなかで、日本はロシアと戦ったばかりであり、一方ベトナムはフランスによって植民地化され、民族存亡の危機に直面している。しかも、ロシアとフランスは同盟国どうしである。したがって、日本は自分たちベトナム人の抗仏運動に同情し、援助の手を差しのべてくれるに違いないというものであった。

このような彼の発想を補強するものとして、今一つの重要な概念があった。「同文同種」、すなわち、日本とベトナムは白人勢力という共通の「敵」をもつのみならず、同じアジアの黄色人種であり、かつ同じ文化圏に属しているとの認識である。

ベトナムは紀元前二世紀から紀元十世紀にいたるまで中国の政治的版図に組み入れられ、その後の独立諸王朝の時代にも中国からさまざまな制度や文物を導入した。かくして、十九世紀初頭のグエン(阮)王朝成立までには、読書人は儒学の古典を繙《ひもと》き、漢文を自在にこなし、科挙試験をつうじて自国の官吏に登用される仕組みが整えられていた。ファンもまた、貧しいとはいえ田舎儒者の家系に生まれ、幼少のころから四書五経に親しみ、さらには科挙にも合格した当代一流の文人であった。

漢字のもつ特徴の一つは、それが表意文字だということである。すなわち、発音は時代や国によって相違しても、文字を読み書くかぎりにおいては、意思を疎通《そつう》することができる。事実、ベトナムを出国したばかりのころのファンは、広東語や日本語の会話にまったく通じなかったけれども、筆談によって、すなわち筆記された漢文を媒介として、中国人や日本人と語り合うことができたのである。

しかも、当時の東アジアの教養人にとって、漢文は単に意思をつうじ合うという機能的側面でのみ意味をもったわけではない。それに加えてさらに、中国古典に記された故事や適格な修辞表現に通暁《つうぎょう》していること、そして墨書《ぼくしょ》した際の筆跡が見事であることも、不可欠な価値を有していた。ファンが梁啓超や犬養毅ら日・中の有力者に強い感銘を与えた理由の一つは、そのような歴史学的、文学的、あるいは審美的な素養において、伝統的漢字文化圏における一人前の文人であったからにほかならない。

しかし、「同文同種」の日本にたいするファンの信頼は、一九〇七年の日仏協約締結前後から、不信感へと変化していく。同協約の趣旨は、日露戦争によって財政難に陥った日本にフランスが資金的援助を行う(公債発行)のと引き換えに、両国が東アジアにおけるそれぞれの勢力圏を尊重し合うことにあった。そこでのフランスの最大の眼目は、インドシナ植民地の保全を日本に約束させることにあった。ファンにとって、それは「同文同種」たるべき日本が、植民地支配者フランスと結託したことを意味した。

日本への不信感を強めたファンは、東亜同盟会（もしくは亜州和親会）へと接近していく。この組織は、アジアの「同病」の諸民族、すなわち植民地主義列強によって圧迫されている諸民族の連携を目的とするものであった。幸徳秋水《こうとくしゅうすい》、大杉栄《さかえ》、堺利彦といった日本人社会主義者、そして張継《ちょうけい》、劉師培《りゅうしばい》、章炳麟《しょうへいりん》などの中国人無政府主義者たちが主唱し、インド、朝鮮、フィリピン、そしてベトナムの在日活動家が参加した。

参加者たちは、日本を「同文同種」であるがゆえに仲間であるとする視点を拒絶した。逆に、日本は欧米列強と結託しており、それゆえ欧米列強の同類であり、「アジア共通の敵」であると見なした。日本ははたしてフランス政府は一九〇九年、日本にたいして在日ベトナム人の取り締まりを要請した。日本当局は日仏協約の精神にのっとり、フランス側の意向に従った。アジア「同病」諸民族にとっての「共通の敵」日本の姿があらわとなった。ファンは日本を立ち去り、タイそして中国に新たな活動拠点を求めた。

アジア主義と脱亜入欧

近代日本は、欧米列強に追いつき追い越すことを、大きな国家目標としてきた。明治期以来の富国強兵にしても、第二次世界大戦後の経済大国化にしても、そのめざすところは、アジア的「停滞」や「後進性」から早急に脱却して、先進的欧米諸国に伍する国力を備えることであった。それは究極的には、「脱亜入欧」の道であった。

だが、日本は他方で、そのような「脱亜」の道を歩む過程で、近隣アジア諸国とのかかわりを不可欠とした。富国強兵や経済大国化を追求するためには、貿易や経済投資の相手としてにせよ、あるいは植民地主義的進出の対象としてにせよ、朝鮮や中国、そして東南アジアなどの国々が、切実な意義をもったからである。

そのような事情が一因となって、「アジア主義」的な論調や心理が、日本人のあいだから途絶えることはなかった。この種の議論は、一方において、欧米とアジアのあいだに何らかの対抗関係や相違が存在することを前提とし、かつ他方においては、日本がアジアの一員であることを当然視する。

以上のような見取り図で整理すれば、日露戦争直後に渡日したファンは、まず「アジア主義」的な論調に共鳴したと言える。彼が、当初かかわりを持った人々が、犬養毅や東亜同文会系の要人、そして陸軍参謀本部次長の福島安正といった人々、すなわち対アジア経略に強い関心を抱き、かつ「アジア主義」的な言辞を好む人々であったことは、決して偶然でない。

しかし、一九〇七年の日仏協約締結前後を境として、ファンは「脱亜入欧」の道を邁進《まいしん》する日本の姿に明確に気づくに至った。そして、そのことは彼をして、日本が白人列強と同列の存在であることを認識させ、また「同病」の諸民族との連携を志向させることとなった。

社会ダーウィニズムにおける「自救」と「自滅」

ただし、一つ注釈を付しておかねばならない。ファンは日本滞在の後半に、日・中の社会主義者、無政府主義者と接触をもったものの、彼らの思想に傾倒したわけではなかった。ファンが強い影響を受けたのは、むしろ梁啓超の著述などをつうじて知った社会ダーウィニズムであった。

イギリスの思想家たちによって提起された社会ダーウィニズムは、十九世紀後半の日本や中国において、人種や民族のあいだの生存競争、自然淘汰を説明する議論として受容された。ファンたちベトナム人がこの種の議論に魅了されたのは、それが自国の直面している危機と課題を照射するのに、もっとも適した議論だと判断したからである。

すなわち、ベトナムがフランスによって植民地化されたのは、彼らの力関係に優劣があったからであり、もしも、ベトナム人が現実の生存競争のなかで、さらに座視しつづけるならば、国家主権はもとより、民族としての存続すらもおぼつかなくなるであろう。そのような「亡国滅種」の危機を回避するための唯一の方法は、自分たち自身が覚醒し努力することである。

かくのごとく、社会ダーウィニズムは危機回避のための自助努力＝「自救」を強調する議論であったが、同時に、生存競争において敗者となるのは、自分自身の実力や努力が不足しているからであるとの「自滅」論を導く議論でもあった。そして、その延長上には、勝者が敗者を支配するのは必然であるとの論理(勝者の論理)が控えている。

渡日の当初、ファンが日本を手本と見なしたのは、自助努力によって「強国」「文明国」の地位に到達しえた成功例であると考えたからである。そして、このようなファンの対日観は、日本を欧米列強と同列の存在であると認識した時点以降も変わらない。

逆にいえば、日本を含めた植民地主義列強は、アジア「同病」諸民族の敵ではあるが、だからと言って、それら列強の来し方行く末を全面的に否定するものではなかった。ファンが求めていたのは、ベトナムを「亡国」の屈辱から救出することだけではなく、さらには日本や欧米列強に匹敵しうるような国とすることであった。

したがって、アジア「同病」諸民族との連携とは、彼にとって、目下直面している共通の敵に対抗するための一時的な協力であり、究極的には、各民族ごとの「自救」を側面的に補完するものでしかなかった。そして、アジアの諸民族どうしの関係においても、競争、競合の可能性が潜在することを、彼はつねに意識していた。それゆえ、彼は中国人活動家との提携を志向しつつも、反面では、彼らをライバル視してもいた。

さらにまた、もはや「自救」能力をもたないと判断する民族にたいして、ファンはきわめて冷淡な態度を示す。たとえば、日本に「併合」された琉球、ベトナムに「経略」されたチャムやクメールを、自分たちが連携すべき対象であると見なすような視点は、彼にあってはきわめて希薄だったのである。

ホー・チ・ミンの世代へ

ファンは、漢文の世界に生きた人間であった。そうであるがゆえに「同文同種」という基軸でアジアを理解することは、彼にとっていわば自然な成り行きであった。しかし、当時の東アジアをめぐる国際関係は、それとは別の視点を彼にもたらした。植民地列強に対抗するものとしての、アジア「同病」諸民族という視点である。ただし、社会ダーウィニストとしての彼は、それを明確な「反帝」意識と結びつけて考えることはなかった。

それにたいして、次の世代の民族運動を代表するホー・チ・ミン(以下、ホー)は、帝国主義に対抗する勢力の結集として、被圧迫諸民族の提携を位置づけた。そして、パリやモスクワで、そして広州や東北タイで、そのような考えを実践に移した。同時に、仏領インドシナでの革命運動の追求は、ホーやその弟子たちにたいして、カンボジアやラオスという非漢字世界の仲間たちを強く意識させる契機ともなった。

他方、フランスによる植民地支配の深化にともなって、ベトナム知識人の漢字離れも徐々に進行した。彼らにとって重要な意味をもつようになったのは、フランス語、そしてクォクグー(ベトナム語のローマ字表記)であった。

現在のベトナムは、自己を第一義的には「東南アジア」世界の一員と規定している。一九九五年には東南アジア諸国連合（ASEAN）の正式メンバーともなった。ただし、そのことは彼らが東アジア世界（漢字文化圏）にたいする帰属意識を、まったく捨て去ったことを意味するものでは必ずしもない。むしろ将来的には、東アジアと東南アジアの接点、架け橋として、「アジア太平洋」という地域的枠組みのなかで、自己の位置、役割を考える傾向が強まることになるのかもしれない。

■アジア史上の人物たちにおける「アジア」■

イワ・クスマ・スマントリとタン・マラカ

——インドネシア・ナショナリストの地域認識

後藤乾一

国際都市バンドン

中国とインドという大国を、北方と西方の隣人としてもつ東南アジア世界。

その東南アジアの人口と面積の約半分を占めるインドネシア(一億八〇〇〇万人、一九二万平方キロメートル)は、今日(一九九六年執筆時点)、政治的にはきわめて中央集権的な体制をとっているが、文化的には大小三〇〇近い民族集団《スク・バンサ》からなる多様性に富んだ群島国家である。ジャワ島西部の高原都市バンドンは、ジャワ人につぐ第二の民族スンダ人の〝母なる都〟であり、今世紀初めに成立する植民地蘭領東インド(インドネシアの前身)においては、コスモポリタン的雰囲気を色濃くたたえた学術文化の中心であった。そのためバンドンには群島各地から理想に燃えた知識青年が数多く集まり、そのなかからスカルノ（ジャワ人、独立後の初代大統領）、あるいはシャフリル（ミナンカバウ人、初代首相）ら、近代民族主義運動の担い手が輩出した。後述するスンダ社会が生んだ風格あるナショナリスト、イワ・クスマ・スマントリ（一八九九〜一九七一、通称イワ）もその一人であった。

また日本との関係においても、バンドンは因縁の深い街である。それはオランダ植民地時代、この地にあった私立学校クサトリアン学院（ドゥエス・デッケル校長）に、一九三四年、東南アジアで初めての日本語講座が開設されたことである。しかし一九三〇年代末、日蘭関係の悪化とともに、この日本語講座もその短い歴史を閉じた（一九三九年六月）。

それから第二次大戦をはさみ二〇年後の一九五八年、このバンドンに国立パジャジャラン大学が創立された。初代総長には同地出身でかつてオランダのライデン大学に学び、さらにモスクワの極東共産主義《クートベ》大学で教鞭をとったイワ・クスマ・スマントリが就任した。彼は前大戦中祖国に君臨した軍国日本には厳しい目を向けていたものの、アジアにおける日本の重要性をつとに認識し、建学直後にいち早く日本語学科を設置したのだった。パジャジャラン大学は、今日インドネシアのみならず、全東南アジアにおいて最も日本語教育の盛んな高等教育機関の一つであるが、それは上にみたような長い歴史的な背景があってのことなのである。

だが、いうまでもなくバンドンの名を一躍国際的に高からしめたのは、一九五五年四月、この地で開かれた第一回アジア・アフリカ会議（バンドン会議）であった。冷戦が色濃く影を落とすなかで開かれたこの会議は、文字どおり史上初の有色諸民族だけの政治的祭典であった。参加二十九ヵ国のあいだには政治的、イデオロギー的な差も少なからずみられたが、それにもかかわらず、スカルノ、ネルー、ウ・ヌー、周恩来、ナセル、チトー、そしていまなお健在なシアヌークら、現代史の檜《ひのき》舞台で強烈な個性を発揮した指導者は、「存異求同」の精神で平和十原則を謳い上げ、当時の国際関係に大きな影響を与えた。このバンドン会議のもつ歴史的意味を、かつてのインドネシアの宗主国オランダの歴史家ヤン・ロメインは、「西洋の主導権のない世界を想像することのできないヨーロッパ人にとって、バンドンの名は弔《ちょう》鐘《しょう》のようにひびいた」と書き印したのだった(『アジアの世紀』)。

「インドネシア」意識の誕生

バンドン会議の開会演説のなかで、大統領スカルノは、もちまえの聴く人を魅了してやまない雄弁で「この会議が人類に導きを与え、人類にたいして安全と平和の達成のためにとるべき道を指摘することを望みます。アジア・アフリカが再生したことを、この会議が立証するであろうことを期待いたします」と謳った。ここには、第二次大戦後の世界で最初に独立を宣言した(一九四五年八月十七日)との自負にも支えられ、インドネシアこそが新興のアジア・アフリカ地域の導き手たらんとの、スカルノに象徴されるインドネシアの民族主義者の高揚した息吹を感じることができる。

しかし、彼らのアイデンティティとしての「インドネシア」意識、さらに自らを取り巻く国際環境としてのアジアという地域認識が生まれたのは、決して古いことではない。こうした民族意識の形成過程をみるうえできわめて重要な役割を果たしたのが、群島各地からオランダに留学していた一群の青年知識人である。彼らは今世紀初めからオランダで留学生会を組織していたが、当初は政治的性格をもたない社交クラブ的なものであった。しかしながら、第一次大戦を契機とする民族自決思想の高まり、社会主義国ソ連の誕生、あるいは日本、中国、インドなど周辺諸国の近代化や民族主義運動の影響をも受けつつ次第に政治的関心を深めていった。こうしたなかで一九二三年、イワ・クスマ・スマントリが留学生会「東インド協会」の会長に選ばれる。

イワはスンダ社会の貴族の家に生まれ「原住民」上級官僚であった両親のもとで、何一つ不自由のない幼少時代を送ったが、長じるにしたがい「オランダの力のもとでの平和」に疑問を抱くようになる。こうした疑問は、一九二二年留学生としてライデン大学法学部に学び、また群島各地からきた青年たちとの交友を重ねるなかでますます強まっていった。このイワの指導下、留学生会は組織名を「インドネシア協会」へと改称する。蘭領東インド各地から宗主国に学んだエリート青年たちがエスニシティの差異を克服し、将来の故国の「あるべき」政治的エンティティを「インドネシア」という概念に仮託《かたく》したことを象徴する宣言でもあった。

さらにイワは法学修士号を取得後、民族主義と共産主義の提携を模索していた留学生会の意向を踏まえてモスクワに赴き、マルキシズムを学ぶとともに、極東共産主義大学で「インドネシア問題」を講じる。約二年のソ連滞在中、イワは共産主義社会の現実には失望するが、それでも「搾取なき社会」は彼が終生求めた理想であった。国立パジャジャジャラン大学総長時代、イワがベトナムのホー・チ・ミン、ユーゴスラヴィアのチトー、アフリカ人民解放運動の指導者M・ケリナの三人の外国人に名誉博士号を授与しているのも、若き日以来の彼の思いの投影であった。

オランダにおける留学生会の活動と同じころ、植民地蘭領東インドにおいてもスカルノらに率いられた民族主義運動は「インドネシア」を求める熾烈《しれつ》な闘いを展開していたが、一九二七年七月にインドネシア国民党が結成されることにより本格的なナショナリズムの時代が幕を開ける。それはイワ帰国の直前のことであり、彼自身もバンドンついで北スマトラ・メダンで弁護士をするかたわら、国民党幹部として労働運動の指導にあたった。さらに、翌一九二八年十月、各地の民族集団の青年代表がバタヴィア（現ジャカルタ）で第二回インドネシア青年会議を開催し、そこで「唯一の祖国インドネシア、唯一の民族インドネシア民族、唯一の言語インドネシア語」を理想として掲げた「青年の誓い」を採択したのだった。このような一連の動きをみるならば、一九二三～二八年という時期は、インドネシアの〝若き獅子《しし》〟たちのあいだで「インドネシア」というアイデンティティが深く根を下ろした時代と位置づけられよう。

アジアのなかのインドネシア

インドネシア民族主義がもはやあと戻りできない地点に達していた一九二〇年代後半は、他方で民族主義者がインドネシアを取り巻く国際環境を初めて真剣に意識した時代でもあった。そしてそれは、とりわけアジア現代史に日本が強烈な自己主張をもって登場したことと不可分の関係があった。

スカルノ、ハッタ、イワ・クスマ・スマントリら、インドネシアの民族主義者の深い尊敬の的であった孫文(一九二五年死去)の高弟で中国国民党きっての知日派であった戴季陶《たいきとう》は、その著『日本論』(一九二八年刊)のなかで、日本のアジア政策は、日清戦争、日露戦争、第一次大戦でそれぞれ獲得した台湾、遼東半島、山東半島を足場に、そこから三方面(台湾からは華南、東南アジアへ)侵略しようとする「蠍《さそり》型政策」であると告発していた。

ほぼ同じころ、インドネシアで〝時代の旗手〟となっていたスカルノも、「アジアにおける唯一の近代的な帝国主義国家」日本に言及し、「樺太、朝鮮、満州を植民地支配下においた日本は、さらに環太平洋諸民族の平和と安全を脅かしつつ、この地に植民地を保有するアメリカやイギリスといった帝国主義諸国との間ですさまじい死闘を繰り広げるであろう」と太平洋戦争の可能性を予見するとともに、インドネシアの民族独立もそうした国際関係に大きな影響を受けざるをえないということを看破していた。

だが同時にインドネシアでは、「アジアのためのアジア」を掲げ既成秩序への挑戦者となっていく日本と提携を深めるべき、との考えをもっていた民族主義者も少なくなかった。その底流には、十九世紀末以来の日本の近代化にたいする同じアジアの有色民族としての共感があった。たとえばイワも幼少のころ父から聞かされた日露戦争の話に魂を揺り動かされ、その日本の勝利がインドネシアの民族義に大きな心理的影響を与えたことを「自伝」(邦訳『インドネシア民族主義の源流』)のなかで綴《つづ》っている。しかしイワは、一九三〇年七月、植民地政府によりバンダネイラ島へ流刑され一〇年余をその地で過ごすことになり、「激動の三〇年代」の民族主義運動の表舞台から姿を消すことになる。

「インドネシア」というアイデンティティを強固なものにしたナショナリストたちではあったが、彼らのあいだには近隣の、同じ植民地支配下にある東南アジアの諸民族と連帯し解放運動をめざすという考え方はまだなかった。おそらく唯一の例外は、国際共産主義運動のネットワークのなかで活動していたタン・マラカ(一八九七〜一九四九)であろう。彼はオランダ留学中、ロシア革命の影響を受けてマルクス主義へ傾斜し、帰国後はアジアで最も早く結成(一九二〇年)されたインドネシア共産党の第二代議長となる。そして敬虔《けいけん》なイスラム教徒であったタン・マラカは、「ムスリム急進派」との連携を唱えつつ精力的な活動を行っていたが、一九二二年国外追放となり、以後二〇年近く東南アジア、中国を舞台に革命運動の指導にあたっていた。この間、戦後の民族共産主義政党ムルバ党の前身ともいえるインドネシア共和国党を結成し、次第に国際共産主義運動とは一線を画した運動を志向するようになってゆく。そして日本軍政下の故国に潜入した彼は、一九四二年中ごろ、長年の構想を「アスリア連合」としてまとめた(『牢獄から牢獄へ』)。

「アスリア」とはアジアとオーストラリアからの造語で、彼はそれをインドネシア、フィリピン、マラヤ、ベトナム、タイ、ビルマおよび熱帯部オーストラリアを包括する地域共同体の単位として構想したのだった。こうした考え方の背景には、この地域には風土的・民族的共通性だけでなく、反帝国主義を媒介に形成された経済的・心理的一体性がみられるとのタン・マラカの経験にもとづく認識があった。「民族共産主義者」タン・マラカの遠大な構想が実現する可能性はなかったが、それから半世紀を経た今日、インドネシアを中心とするASEAN（東南アジア諸国連合）にベトナムが加入し（一九九五年七月）、またインドネシアとオーストラリアのあいだに安全保障条約が結ばれ（同年十二月）、さらに東南アジアやオーストラリアが熱心な推進者となったAPEC（アジア太平洋経済協力会議）が現実的機能を果たしている姿を見るとき、悲劇的な最期を遂げた天才革命家の着想にふと思いを致さざるをえない。

　東南アジアの民族主義者がお互いの存在を強く認識し、公的な場で相まみえた最初の機会は、皮肉にも東南アジアが日本軍支配下にあった一九四三年十一月、東京で開かれた大東亜会議の場であった。この会議には「大東亜共栄圏」内の六「独立」国が参加（オブザーバーとして自由インド仮政府）したが、いまだ「独立」を認められていなかったインドネシアは招かれなかった。大東亜会議の本質は、悪化しつつある戦局を背景に日本へのさらなる協力を求めることにあったが、一方では戦後の地域的連帯の萌芽もあったことは注目される。たとえばフィリピンのラウレル大統領は「『ビルマ』国、満州国、『タイ』国、中華民国並ニ他ノ大東亜諸国ト利害ヲ異ニスルコトナキ『ジャバ』『ボルネオ』及ビ『スマトラ』ノ民族ト協力シ且《かつ》日本国ニ結ビツキ総《すべ》テガ結集シ鞏固《きょうこ》ナル組織体トシテ一致団結スルニ於テハ……」と述べ、一定の制約下ではあったが、東南アジア的規模での連帯の必要性を提言したのであった。またビルマのバ・モウ首相がその回想録（邦訳『ビルマの夜明け』）のなかで、大東亜会議は「アジアにわき起こっている新しい精神を初めて体現」したものだと評価し、一二年後のバンドン会議の淵源をなすものだと文明史的な位置づけを行っていることも興味を引く点である。

大国への道と民族主義者の挫折感

日本敗戦の二日後、インドネシアは全世界の植民地にさきがけ独立を宣言した。そして再植民地化を意図するオランダとのあいだで、四年余に及ぶ独立闘争に突入する。しかしオランダと協議をしつつ独立をめざす立場と、あくまでも即時完全独立を求め闘争第一主義をとる立場とが鋭く対立する。こうした対立のなかで、二〇年ぶりに運動の表舞台に現れたタン・マラカは後者の勢力を結集し闘争同盟を結成、イワもその有力支持者となる。しかし一九四六年「七月三日」事件と呼ばれる政変劇のなかで、彼ら闘争同盟関係者は全員逮捕され約二年間の獄中生活を強いられる。釈放後まもなくタン・マラカは右派勢力に殺害され、そしてイワは議会政治家として再出発することになる。

このような国内的緊張をはらみながらも最終的には一九四九年末のハーグ円卓協定により、インドネシアは国際的に認知された独立主権国家となる。この間インドネシアの独立闘争を支えたのは「インドネシア」という「想像の共同体」を実現したいというナショナリズムの高揚だけではなかった。そうした内発的な力の発露に加え、第二次大戦終結を契機に高まった地域内の協力・連帯を志向する、いわば開かれた地域主義が重要な役割を演じることになった。次ページの表は、バンドン会議にいたる「戦後一〇年」の道程で、東南アジアが主体的にかかわったおもな地域的国際会議の一覧であるが、ここから

東南アジアにおける主要な地域的国際会議

会議名	開催地	開催年月	参加国（東南アジア）	主目的	付記
アジア関係会議	ニューデリー（インド）	1947.3	29（インドネシア、フィリピン、マラヤ、ビルマ、タイ、北ベトナム、コーチシナ、ラオス、カンボジア、インド、セイロン）	非植民地化（政治的、経済的）域内連帯	エジプト参加
アジア独立諸国会議	ニューデリー（インド）	1949.1	15（ビルマ、インドネシア、フィリピン、インド、パキスタン、セイロン）	インドネシア独立問題 アジア・アフリカの連帯	エジプト、エチオピア、オーストラリア参加 タイはオブザーバー
バギオ会議	バギオ（フィリピン）	1950.5	7（インドネシア、タイ、フィリピン、インド、パキスタン、セイロン）	域内協力	オーストラリア参加、ビルマ、ニュージーランドは招請されるも不参加
コロンボ会議	コロンボ（セイロン）	1954.4	5（ビルマ、インドネシア、インド、パキスタン、セイロン）	インドシナ戦争問題	ジュネーブ会議直前
マニラ会議	マニラ（フィリピン）	1954.9	8（フィリピン、タイ、パキスタン）	集団安全保障体制（SEATO）	アメリカ主導、オーストラリア参加
ボゴール会議	ボゴール（インドネシア）	1954.12	5（ビルマ、インドネシア、インド、パキスタン、セイロン）	アジア・アフリカ会議開催準備	中国招請問題で紛糾
バンドン会議（第1回アジア・アフリカ会議）	バンドン（インドネシア）	1955.4	29（ビルマ、タイ、ラオス、カンボジア、南ベトナム、北ベトナム、フィリピン、インドネシア、インド、パキスタン、セイロン）	平和10原則採択	アジア15カ国、中東8カ国、アフリカ6カ国 親西欧17カ国、社会主義国2カ国、非同盟路線10カ国

（国名はすべて当時のもの。）

は東西冷戦が進行するなか、インドネシアをはじめとする非同盟勢力の影響力が次第に高まり、バンドン会議となって結実していくプロセスが明確にうかがわれる。

そしていうまでもなく、このバンドン会議を契機に、インドネシアは地域秩序の構築にあたって(当初は東南アジアという枠内で、そして近年ではアジア太平洋地域という枠組みで)自らこそがその担い手たらんとの強い自負を確立していくことになる。

ところで故地バンドンで歴史的祭典が開かれていたとき、イワ・クスマ・スマントリはその華やぎとは別に苦渋《くじゅう》にみちた日々を送っていた。当時、彼は国防大臣の要職にあった。オランダ民主主義を体験してマルキシズムの洗礼を受けた民主主義者としてイワは、一貫してシビリアン・コントロールの原則のもとに軍はあくまでも「国家の道具《アラット・ネガラ》」であるとの信念で職務に臨んでいた。これにたいし建軍後十年、次第に実力をつけ、かつ自らが独立戦争の主役であったと自負する軍は、政治的発言権の拡大を強く求め、モスクワ帰りの国防相を「赤いイワ」と難じつつ、ついに辞職に追い込んでいった(一九五五年六月)。

このようにみてくると、民主主義者であり、かつインターナショナリストであったイワにとって、その晩年、一九五五年という年を振り返るとき、祖国の栄光と自己の挫折感という複雑な想いが胸中をよぎったことは想像にかたくない。そして一九七一年末、イワはかつて自らを追いつめた軍部主導体制がますます堅固になりつつある祖国の状況を見やりつつ、七十二歳の波乱に富んだ生涯を閉じたのであった。その前年には、「九月三十日事件」(一九六五年)で権力の座を追われた、半世紀近くにわたる同志スカルノも、幽閉さながらの境涯下《きょうがいか》、息を引きとっていた。

IV

西洋が見たアジア

古典古代におけるアジア

伊東俊太郎

「アジア」の語源と語義

「アジア」の語源についてはさまざまにいわれているが、そのもとはアッシリア語の「アスー」（*asū*）であり、これは「出て行く」を意味する動詞で「日の出てゆくこと」、つまり「日の出」を意味する。これにたいして「ヨーロッパ」の語源は、同じくアッシリア語の「エレーブ」（*erēbu*）で、こちらは「入ってゆく」を意味する動詞であり、「日没」を意味する。これらのセム語がギリシアに入って、それぞれアシアー（*Ἀσία*）および「エウローペー」（*Εὐρώπη*）というギリシアの名詞がつくり出されたと思われる。実際五世紀のアレクサンドリアの文献学者ヘシュキオスは、「エウローペー」を「日没の土地」（*Χώρα τῆς δύσεως*）の意味と解している。このギリシア語から欧語の Asia および Europe（Europa）が由来しているわけであるから、「アジア」の語義はもともと「日出ずるところ」であり、これにたいして「ヨーロッパ」のそれは「日没するところ」である。この意味では、アジアとヨーロッパとはそもそも対概念であり、互いに相補的であって、両者をもってはじめて「世界」は完成する。ヨーロッパはもともとアジアを予想する概念であって、それだけでは完結しないように、アジアもまたヨーロッパをはじめから前提し、それなしには完結しない。両者が相補ってはじめて「世界」は一つのものとして成立するものであることを、まずもって確認しておきたい。

古代ギリシアにおける「アジア」

はじめアッシリア帝国の広大な版図のなかで、アッシュール、ニネヴェあたりを中心に「日出ずる」東方と、「日没する」西方とが区別されたが、ギリシア人の時代となると、この区分の中心はさらに西方に移動し、「アジア」と「ヨーロッパ」の境界線は、ヘロドトスの用法にみられるように、エーゲ海を中心として、北はマルマラ海、黒海、アゾフ海を通ってドン河(当時のタナイス河)、南はスエズから紅海(当時のアラビア湾)を過ぎてインド洋(当時の紅海)に通ずるところにおかれていた。その東部が「アジア」で、その西部が「ヨーロッパ」とされたのである。さらにのちにスエズ以西のアフリカは「リビア」として両者から区別された(しかしこの際エジプトが「リビア」の一部と考えられたかどうかは問題で、むしろエジプトは「リビア」にも「アジア」にも属さない例外とされたとした方がよいだろう)。つまりギリシア人は、当

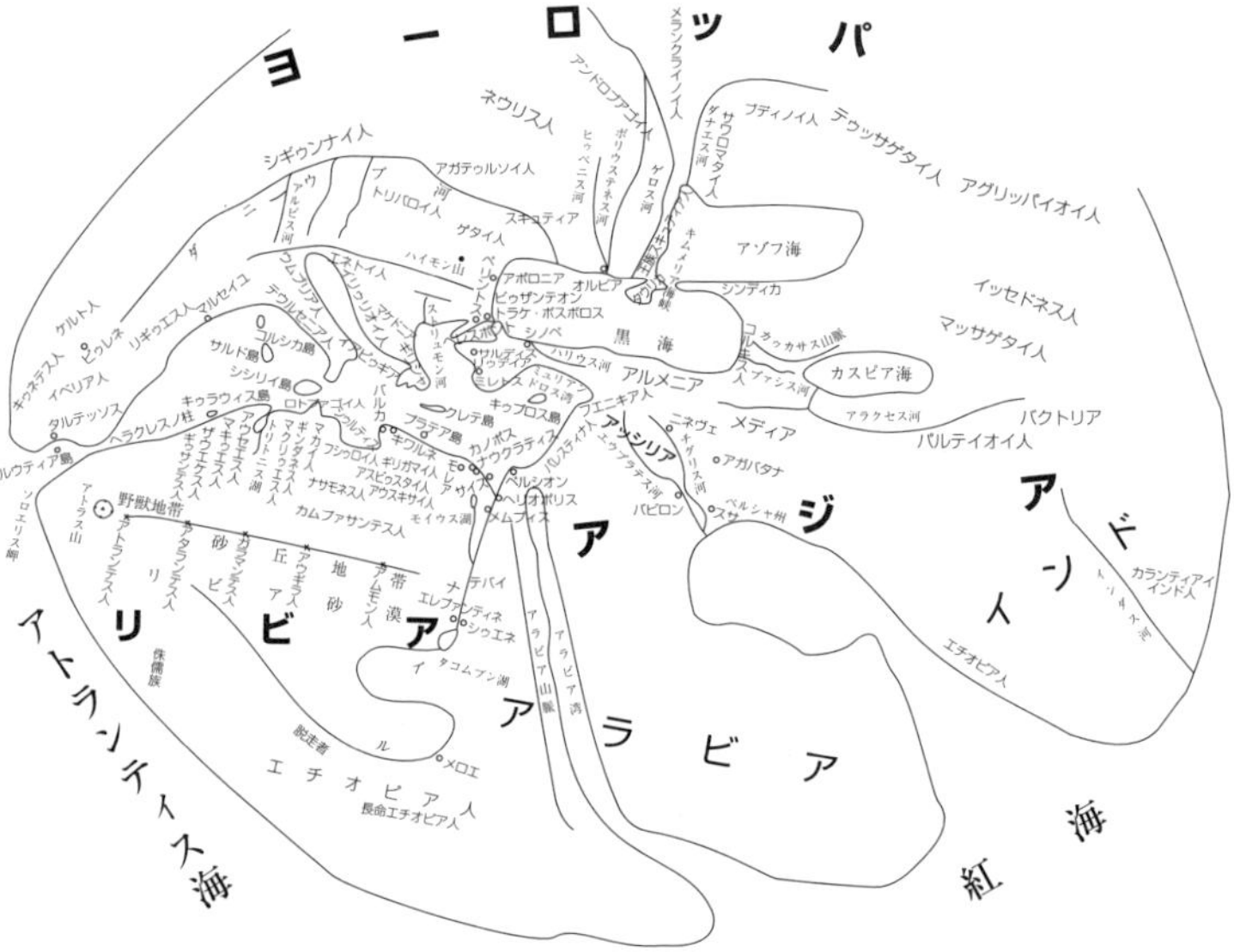

ヘロドトスによる世界地図
ヘロドトス（青木巌訳）『歴史』（上）（創元社，1953年）の付図より作成。

時「世界」を「アジア」「ヨーロッパ」「リビア」の三つに区分していたといえる。しかしこの区分は徐々に形成されたものであって一挙にしてではない。

まずギリシアにおいて「アジア」なる語が登場するのは、最も古くはホメロスにおいてである。『イーリアス』(Ⅱ、四五九〜四六三)には次のようにある。

またはさながらに空飛ぶ鳥のやからのおびただしい群、
雁、あるいは鶴、あるいは頸すじの長い鵠《くぐい》の群《むら》が、
アジアの国の牧原は、カウストリオスの流れのほとりに、
ここ、またかしこと、群れ飛びかわしつ、
翼《つばさ》を博《はた》いて見得を張るよう——
号《さけ》びあいつつ群れ降り立てば、
野を一面にざわめきわたる。
(呉茂一訳)

ここでの「アシアの牧原」とは、アナトリア半島(現トルコ)の西端の南部に、前十一世紀以降イオニア人が植民した地帯(とくにカイステル河流域)をさし、ここがアジアなる地域の出発点となる原郷であることは間違いない。その後アジアは東のアナトリアの後背地《こうはいち》に向かって拡大されていった。ついでピンダロスに「アジア」への言及(『オリュンピア頌歌《しょうか》』Ⅶ—18)があるが、最も重要なのはヘロドトスであ

る。ヘロドトスは『歴史』のはじめにおいて、ギリシア人と異邦人（バルバロイ）とのあいだにおける婦人の相互掠奪《りゃくだつ》（イーオー、エウローパ、メーデイア、ヘレーネー）について語り、次のようにいっている。（I、4）

それで、そこまでは問題は単に互いに掠奪し合ったにすぎなかったのであるが、それから以後は、ギリシア人が彼らのヨーロッパ侵略より以前にまずアジアへ入寇《にゅうこう》したのであるから、いずれにしてもギリシア人が大なる責《せめ》を負わねばならないと言っている。ところで、彼らは言う、婦人を掠奪するのは悪人の行為であると考えるが、明らかに婦人自身にその意志がなければ掠奪されなかったであろうから、掠奪された場合に復讐しようとむきになるのは愚者のなす事であって、賢者は掠奪された婦人など少しも意に介さない、と。それでペルシャ人の語るところによると、彼らアジア人が掠奪された婦人を全く無視しているのは、ギリシャ人は一スパルタ婦人のために大軍勢を糾合し、以て、アジアに侵入してプリアモスの政権を顚覆したのであって、彼らはそれ以後引続きギリシャ人を彼らの仇敵と見做すようになったと言う。つまり、ペルシャ人はアジアおよびその地に居住する異邦民族を自己の隷臣と見做し、ヨーロッパやギリシャはそれとは別箇のものであると考えているのである。

（青木巖訳）

このようにヘロドトスにおいて「アジア」への視野はアナトリア半島からさらに東のペルシアへと広がり、とくにヘレスポント（現ダーダネルス海峡）がアジアとヨーロッパとの境界として意識される。この場合ギリシア自身は、アジアともヨーロッパとも区別され、いわば第三者として両者に関わりをもったものとして観念されていることは注目に価する。

「小アジア」の概念はまだヘロドトスには見出せない。かわって彼にあるのは、「低アジア」と「高アジア」の概念である。この両者を区切るものはアナトリア半島の中央を流れるハリュス河であり、その西部が「低アジア」で、これにはリュディア、フリュギア、ビチュニア、ミュシア、カリアの地などが入る。ハリュス河の東部が「高アジア」で、これにはポントゥス、アルメニア、メソポタミア、ペルシアが入り、さらに遠くインドのインダス河流域まで視野に収められ、アラビア半島もアジアのなかにくり入れられる。それと同時にペロポンネソス半島の後背地をさしたヨーロッパの概念も北へ西へと拡大され、トラキア、キンメリア、スキュタイ、ガリア、イベリア半島にいたり、その北限は定かでないものとされた。そして当時（前五世紀）のギリシア人が、かれらの「世界」を「アジア」と「ヨーロッパ」と「リビア」に分けてとらえていたことは、ヘロドトスの言葉「ギリシャ人もイオニア人自身も、全地球がヨーロッパ、アジア、リビアの全部から成立すると主張している」（Ⅱ、16）によって確認される。

その後のギリシア人のアジア認識は、三三四年にはじまるアレクサンドロス大王の東征によって急増する。パルティアからバクトリア、シルダリア河からインダス河流域までの地域がギリシア人により実見された。さらにセレウコス朝のメガステネスのように、インドのガンジス河流域の都市パータリプトラにまで入ってこの地の地理、風俗、習慣を記したものも現れた。しかし二世紀に入ってトカラ人やサカ人の侵入によって、ギリシア人のアジアへのつながりは断たれた。

プトレマイオスの世界図
織田武雄監修・中務哲郎訳『プトレマイオス地理学』(東海大学出版会，1986年)より。

古代ローマにおけるアジア

ついで古代ローマにおいて、「アジア」はどのような意味をもっていたであろうか。

紀元前一三三年に、ペルガモンのアッタロス三世が自らの王国をローマに遺贈して以後、執政官マニウス・アキリウスによって、それはローマの「属州アシア」(Provincia Asia)とされた。そこにははじめミュシア、リュディア、イオニアの地が含まれていた。フリュギアはポントスのミトリダテス・エウパトルに与えられたが、一一六年にはそれもこの属州に加えられた。そして二九七年までには、北はビチュニアから南はリュキア、東がガラティアまでアジア州となった。これがローマ人のいう「固有のアシア」(Asia Propria)である。つまりここではアジアとはアナトリア半島の西端を占めるローマの属州の名となったのである。二世紀のプトレマイオスの「世界図」においても、アナトリア半島、つまり現トルコの西半分くらいのところに、「アシア・プロプリエ」（Asia Proprie）なる記述が見られる。そしてわれわれが今日アジアの概念でイメージする地方には、むしろ、パルティア（Parthia）、ソグディアナ（Sogdiana）、スキュティア（Scuthia）、インディア（India）、セリカ（Serica）、シナ人の場所（Sinarum Situs）などの地名が見出される。ここでは「アジア」はその西の端のほんの一部に閉じ込められている。

もっともローマ人でも、「アジア」を属州の名としてのみ用いたのではなく、とくにギリシア文化の伝統をうけつぐ知識人のあいだでは、いわゆる「小アジア」（Asia Minor）の意味においても用いられた。すなわち前一世紀のキケロ、ホラティウス、ウェルギリウス、ストラボンらに見られるごとくである。ここでのアジアは「属州アジア」よりも広い領域をさし、アナトリア半島全体、さらにはエウフラテス河の上流地帯をも含むものであった。「小アジア」がある限り、「大アジア」（Asia Major）も観念されていたはずで、これはヘロドトスと同様、インダス河流域あたりまで含むものであったが、ローマ人にとってはほとんど実質的な意味をもつものではなかったと思われる。

ローマ人にとって、より実質的な意味をもったものは「オリエンス」（Oriēns）――「オッキデンス」（Occidēns）の区分であろう。これらの言葉はそれぞれ「オリオル」（Orior「立ち上がる」「現れる」から「日の出る」ことを意味する）と「オッキドー」（Occidō「沈む」「没する」から「日の沈む」ことを意味する）という動詞の分詞形で、それから今日の「オリエント」（Orient）、「オクシデント」（Occident）の語が由来する。従ってラテン語出自の「オリエント」と「オクシデント」の対概念は、ちょうどギリシア語から出た「アジア」と

「ヨーロッパ」の対概念と同様の意味をもつものであったが、ローマ人にとって前者の方が、後者より身近な区分概念であった。ローマ人における「オリエント」と「オクシデント」の境界は、どのようなものであっただろうか。これについては二九四年に即位したディオクレティアヌス帝がローマ帝国を四つの地域に再区分し、その一つを「オリエンス」としたことが参考となる。ディオクレティアヌスの「オリエンス」と他の地域との境界は、黒海からボスポラス海峡を通り、エーゲ海に出て、クレタ島の東を迂回し、後の三九五年の東西ローマ分割線にいたるものである。従ってそれはヘロドトスによるアジアとヨーロッパの区分線と北の部分は一致するが、南の部分において西に移行し、地中海を二分するものとなっている。ローマ人にとって、アナトリアもキュレナイカもエジプトもシリアも、アルメニアも、そしてメソポタミアも、オリエントであった。そしてこの「オリエンス」以外の三地域――「イリュリア」と「ガリア」と「イタリア」が「オクシデント」と理解されたと考えてよいであろう。

その後とまとめ

プトレマイオスの「世界図」において、アナトリア半島の西端に、「固有のアシア」として閉じ込められてしまったアジアが、再び東へと拡大されて、今日の意味でのアジアの概念がつくられはじめるのは、いつ頃からであろうか。

十三世紀から十四世紀にかけ、ユーラシア大陸に広大な遊牧国家をつくったモンゴル帝国下において、東西の交流が活発に行われ、カルピーニやリュブリュキのようなヨーロッパ人がモンゴルの王宮を訪ねたが、そこでアジアの概念が拡大されたとは思われない。マルコ・ポーロの有名な『東方見聞録』においても、「カタイ」や「マンジ」などの地名はあっても「アジア」という地域名は見当たらない。

アジアの概念の東方への再拡大は、おそらく十五世紀以降の「大航海時代」に求めねばならないだろう。当時ポルトガル人をはじめとするヨーロッパ人がアフリカの喜望峰を迂回して、インド亜大陸の海岸に達し、さらにマラッカ海峡を通じて中国の南部にいたった。その間かれらは、それぞれの海岸線を次第に画定しながら、その内部に横たわる巨大な大陸に、そこでの民族や文化の違いを顧慮することなく、一様に「アジア」の名を与えていったと思われる。一四九二年につくられたマルティン・ベーハイムの最古の地球儀には、まだアジアの語はないが、ポルトガル人のマカオ居留以後の十六世紀後半の世界地図には、たとえばオルテリウスのそれ(一五七〇年)のように、現在とほぼ同じ広大な領域を覆う名称として、「アジア」なる語が用いられている。

＊　＊　＊

「アジア」という、もとギリシア語に由来する言葉は、「日出ずるところ」という意味をもっており、「日没するところ」の意味をもつ「ヨーロッパ」と対をなす概念であった。それゆえ、はじめに述べたように、そのいずれにおいても「世界」は完結せず、この両者が相補ってはじめて「世界」は成立する。これは単に語源や語義の問題につきず、歴史的事実においてもそうであったのではなかろうか。それゆえ、あたかもアジアの実質は存在せず、ヨーロッパだけが自己拡大を行ってきたかのごとき従来のヨーロッパ中心史観は、もちろん大きな歴史的錯誤であった。ヨーロッパはそもそもヨーロッパだけでは存在できず、アジアとの交流において自己を形成した。同様にアジアはアジアだけで孤立できず、ヨーロッパとの交渉において自己を形成した。これが「世界」の歴史の現実である。この意味でかつての「ヨーロッパ中心主義」が改められねばならないと同時に、その裏返しにすぎない「アジア中心主義」にも同じく批判的でなければならず、その両者の関係にこそ注目する真の「世界史」の形成が望まれる。

それにしても「アジア」とは、ギリシア人がエーゲ海を中心として世界を区分したときに生じた概念であり、その西方に属する「ヨーロッパ」はなお多様であるにしても、今日の「ヨーロッパ共同体」「ヨーロッパ連合」の形成においてみられるように、一つの歴史的統一体をつくっているといえる。それに比べるならば、ヨーロッパ勢力の東方拡大にともなって、無造作におしひろげられてきた東方の「アジア」は今やあまりにも広大であり、また民族的・文化的にも甚だしく多様である。それは「アジア」という一語では到底まとめきれないほどに多彩であり、少なくとも、西アジア、中央アジア、北アジア、南アジア、東アジア、東南アジアを区別しなければならないが、何よりもアジアの人々自身によって、もはや受動的にではなく、主体的にアジアの腑分《ふわ》けと自己規定が遂行されなければならないときがきている。それにしても今とくに注目されているのは、東アジアと東南アジアであるとすれば、ヘロドトスの視野にはまったくなく、プトレマイオスの「世界図」にもほとんどところを得ていないこの東端の新しい「アジア」が、二十一世紀に向かう今日、世界史において重要な役割を果たそうとしているのは、歴史のイロニーというべきか。

ヨーロッパがアジアを見るとき

――イサベラ・バードを読む

樺山紘一

女性ひとりの大旅行

一八七八年、明治十一年の五月、ひとりのイギリス人が横浜港に上陸した。小柄で金髪をなびかせる四十七歳の女性である。日本初の欧風ホテルである横浜グランド・ホテルに投宿後、東京にむかいイギリス公使館に身をよせた。

イサベラ・バードとよぶ。女ひとり、ロス・アンジェルスから乗船し、上海をへて日本にやってきた。外交でも、商用でもなく、ただ旅をすることが目的である。体調の不良を旅をもって癒《いや》すということだが、それだけのことなら、なにも極東の島国まで、単身おもむくこともなかったであろうに。

ようやく蒸気船による世界旅行が可能になったばかり、旅の条件が快適であるはずはない。その不

晩年のイサベラ・バード
提供　平凡社(以下同)

快を耐え忍ぶだけでも、イギリス女性にとって大事業だったろう。それどころか、イサベラは東京を起点に国内旅行に出発する。しかも、はるか北方をめざし、北海道にいたる長途の旅である。開国後、いまだ四分の一世紀にみたぬ日本で、最初の本格的な北国探査をこころみたのである。六月はじめに出発し、九月二十三日に横浜に帰着するまでの百日間あまり、イサベラはメモと書簡をしたためつつ、大旅行を完遂した。

外国人による北国周遊行が、一女性によって達成された。さいわいにも、その記録はのちになって、イサベラの帰国の後、書簡を中心に編集され、公刊された。『日本の未踏の地』(一八八五年)である。この著書は、いまでは高梨健吉氏によって邦訳されており、たやすく読むことができる(平凡社東洋文庫、一九七三年)。

明治十一(一八七八)年という文明開化の時代の日本を、きわめて的確に観察した記録。あるいは、東北と北海道とについての、詳細な見聞録。いずれとみても、資料上の価値はひじょうに高い。しかも、イギリスにおいて多数の読者を獲得し、日本という異国についてのイメージ形成に貢献したという点からみても意義ぶかい。そのころ、イギリス公使として東京に滞在したラザフォード・オールコックや、その書記官でイサベラにもアドバイスをあたえたアーネスト・サトウが残した記録とならんで、日本報告の白眉《はくび》とでもいうべきであろう。

ふたつの奥地紀行

さて、イサベラの観察記録を読むにあたって、いささか些細《ささい》な事実からとりかかることにしよう。さきにあげたとおり、本書は高梨氏によって翻訳され、訳題は『日本奥地紀行』という。むろん意訳である。しかし、この大胆な意訳は、もののみごとに、本書の性格を射ぬいている。まさしく、当時にあって東北・北海道は日本の奥地であったから。しかも、「奥地」への旅立ちには曰《いわ》くありげな風情《ふぜい》がともなっていたからでもある。はなはだ偶然ながら、『日本奥地紀行』というタイトルは、『奥の細道』となんと酷似《こくじ》しているのであろうか。イサベラの紀行は、日本の俳人からおくれること百八十九年、イギリス女性によって再現された、いまひとつの「奥の細道」であった。

松尾芭蕉は、元禄二(一六八九)年五月十六日(旧暦三月二十七日)に江戸をたち、東北から北陸への旅にのぼった。その百八十九年のち、イサベラ・バードは六月九日に東京をたつ。四十五歳の前者はほぼ徒歩で、ときに馬を雇って初夏から盛夏の北国をあるく。四十七歳の後者は、長めのスカートをはいて馬にのり、千キロにおよぶ道のりをゆく。その間に二世紀ちかい年月があるというのに、旅行事情はほとんど変化していない。

芭蕉が出立《しゅったつ》にあたって、旅路での死をも覚悟していたことは、その紀行文の有名な書き出しで知られるが、イサベラもまたそれ相応の決意を秘めていたろう。イギリス女性の勇気と行動力には、まことに頭のさがる思いがする。通訳をひとり連れ、わずかな西洋風食糧をたずさえるばかりで、外国人にとっての「未踏の地」に踏みだした。

ともに東京(江戸)を起点とするふたつの旅は、いくつかの交点をもつ。状況描写においてかなり簡潔な『奥の細道』と、子細《しさい》におよぶ『日本奥地紀行』とでは、比較考量に困難があるが、さしあたり日光と出羽という二交点はくっきりと描きだされる。しかも両著書ともに、この二地点でもっとも印象ぶかい記述を提供している。

芭蕉が日光にやってきたのは、五月二十日(以下、すべて新暦に換算)。竣工後半世紀の東照宮に参詣《さんけい》し、「今、この御光《おんひかり》、一天にかがやきて、恩沢八荒《おんたくはっこう》にあふれ、四民安堵《しみんあんど》の栖《すみか》穏《おだ》やかなり。なお憚《はばか》り多くて筆をさし置きぬ」。徳川家に畏《おそ》れをいだいて、筆をとめたあと、名句をつづる。

あらたうと青葉若葉の日の光

イサベラは、六月十三日に日光着。金谷家、つまりいまの金谷ホテルに宿をとった。たっぷりと時間をかけて日光見物に精出した。九日間も滞在したあとで、「結構という言葉を使う資格がある」などとジョークをいっている。ここまでは、外国人もよく訪問しており、情報も豊富だったようだ。縁起由緒についても詳細をきわめ、東照宮の建築美につよい感銘をうける。つぎの一節が、芭蕉に呼応する。

（家康）のために建てられた堂々たる社殿の背後の高いところ、青銅の墓碑を上にのせ、飾りはないが巨大な石と青銅の墓があり、その中に安置されている。……上に欄《らん》干《かん》をつけた高い石垣が、簡素ながらも堂々たる囲いをかこんでいる。後ろの岡にそびえる杉の大木は、墓のまわりを昼なお薄暗くしている。日光が木の間を斜めに洩《も》れて入るだけである。花も咲かず、鳥も鳴かず、日本で最も有能で偉大であった人物の墓のまわりには、ただ静けさと悲しみが漂《ただよ》っている。（高梨健吉氏の訳文による、以下同じ）

いずれ、あらためて分析するつもりだが、樹木のあいだを洩れておちる陽光についての感性にあっては、両者にはふかく通底するものがあるようだ。

金谷家
以下のスケッチは、イサベラ・バードによる原本（*Unbeaten Tracks in Japan*）に入っているもの。

出羽のふたり

日光を出たあと、芭蕉は奥州街道をたどって仙台から松島、そして平泉《ひらいずみ》へ。イサベラは会津から新潟にいたる。北陸道を西向するのちの芭蕉と接点があるはずだが、『奥の細道』は、新潟についてまったく語らない。イサベラは、新潟から出羽の国(山形県)にはいり、米沢《よねざわ》から最上《もがみ》川をくだることになる。つぎの接点は、いまでいう村山地方。芭蕉は逆に奥羽山脈を東からこえて、出羽にむかう。落ちあうのは、尾花沢《おばなざわ》である。

芭蕉は七月の上旬、イサベラは中旬。ほとんどおなじ季節。微笑みつつ同情させられるのは、ともに蚤《のみ》虱《しらみ》の襲撃に苦しめられるところだ。芭蕉は、山脈をこえる難路で山中の一軒家にとまり、ユーモラスな名句をのこす。

蚤虱馬の尿する枕もと

イサベラはといえば、すでに旅路のほうぼうで、蚤とつきあわされている。

この湿気の多い気候のもとで、私の現在の弱った健康状態で、一度に二日か三日も気分よく旅行することは不可能である。また二晩も休息できるような美しくて静かで健康的な場所を見つけることは困難であろう。蚤や蚊からまったく解放されることは、とても望むべくもない。しかし蚊はところによって数が多かったり少なかったりする。蚤の方はなんとか避ける方法を発見した。それは一枚の油紙を畳の上に六フィート平方に敷き、その縁《へり》に一袋のペルシャ除虫粉をまく。そしてその真ん中に私の椅子を置くのである。すると私は蚤から隔離されることになる。無数の蚤が油紙の上にはねてきても、粉のために無感覚になり、容易に殺すことができる。

さしあたり、蚤虱は閑話《かんわ》である。出羽・山形での焦点は山岳美であった。峰と高原、渓谷と河原とがつくりだす風景の多様さ。そして、険しい山々にかこまれてたたずむ集落や寺院や農耕地のととのった景観。芭蕉とイサベラの、ともに代表的な一節を引用したい。

『奥の細道』から。「最上川はみちのくより出て、山形を水上とす。……左右山覆《おお》ひ、茂みの中に船を下す。……白糸の滝は青葉の隙々《ひまひま》に落て、仙人堂岸に臨《のぞみ》て立つ。水みなぎって舟あやうし」。これは、最上川下りの情景描写である。いまひとつ、出羽三山の羽黒山《はぐろさん》と月山《がっさん》を素材としてうたった句。

涼しさやほの三日月の羽黒山

雲の峯幾つ崩《くずれ》て月の山

『日本奥地紀行』から。ほぼおなじ最上川河畔から、イサベラは高山を望みみる。

鳥海山《ちょうかいさん》のすばらしい姿が眺められた。雪におおわれた壮大な円頂で、八〇〇〇フィートの高さだといわれている。山は比較的に平坦な地方からまったく思いがけない高さで聳《そび》えている。同時に湯殿山《ゆどのさん》の大雪原が見えて、下方にとても美しい連山が幕のように囲んでいるので、日本の最も壮大な眺めの一つであると考えられよう。尾花沢を出ると、道路は、最上川の支流の一つに灌漑されている谷間に沿って走っている。美しい木橋を渡って川を越えると、峠道をのぼる。この峠からの景色はとても雄大である。……りっぱな並木道で、新庄《しんじょう》で終る。

アイヌ集落のイサベラ

さて、イサベラの北国紀行を、その百八十九年前の俳文紀行に重ねあわせながら、たどってきた。新庄を分岐点として、芭蕉は日本海へむかい、北陸道に合する。イサベラは、秋田をめざし、さらに津軽にむかう。俳人に別れを告げ、もうすこしイサベラにつきあおう。秋田には七月二十三日。大館《おおだて》は二十九日。碇ガ関《いかりがせき》で津軽にはいるのは八月二日。黒石《くろいし》から青森にいたり、そこで汽船にのり津軽海峡をわたる。函館に八月十二日。函館山と砂州との関係を、イベリア半島南端のジブラルタルになぞらえるのは、なかなかの発想だ。

噴火湾沿いに北上し、とうとうイサベラは文字どおりの「未踏の地」に突入する。アイヌの居住地である。白老《しらおい》と平取《びらとり》を中心に、かの女のアイヌ調査がはじまる。のちにジョン・バチェラーによって系統的に叙述されるアイヌ民族誌は、それに先んじてイギリス女性によりまず着手されていたのである。『日本奥地紀行』は、民族学としてはもっぱらこのアイヌ調査によって評価される。それは、適切である。アイヌの生活と文化とが、かなり詳細に書きとめられる。ヨーロッパにもたらされる最初のアイヌ民族観察記録であった。

イサベラは、函館を九月十六日にたち、横浜へ帰着。そののち三ヵ月ほど東京にとどまり、十二月十九日に日本をあとにして帰国の途についた。長いながいイサベラの一八七八年であった。

繰り返すようだが、それにしても壮大な旅である。日本語を解せず、体力と健康にも不安がある一女性が、単身で未踏の地にでかける。蚤虱にさいなまれ、心地悪い乗馬に我慢しながら、千キロの道のりを踏破した。アイヌをはじめとして、明治初年の日本を記録して貴重な証言を残した。のちに人類学とよばれるようになる知的営為が、専門的修練をうけてもいない中年女性によって達成された。その精神の輝きは、ただごとではない。

しかし、ここはその業績を顕彰する場なのではない。検証したいのは、イサベラが何を報告しているかという、その「結果」ではない。日本認識の結果ではなく、その過程と方法とである。イサベラは、いかにして日本を観察したのか。十九世紀、ヨーロッパはイギリスからの旅人として、かの女は異世界たるアジアの日本をどの角度から眺望したのか。類《たぐい》まれな旅行者として、イサベラはどんな認識視座を選んだのか。

文明と未開

『日本奥地紀行』を通読すると、まずは十九世紀ヨーロッパ人らしい発想が、すぐに発見できる。開国したばかりの日本を、その野蛮と開化の度合いによって評価しようという態度である。オールコックやサトウばかりか、明治初年の日本報告はみな、未開から文明にむかう日本の動きを敏感にとらえる。イサベラもまた例外ではない。日本人が、本当は文明人なのか、または未開人なのか、判断の基準はまずそこにおかれる。

日本人の精神的状態は、その肉体的状態よりも、はたしてずっと高いかどうか、私はしばしば考えるのである。彼らは礼儀正しく、やさしくて勤勉で、ひどい罪悪を犯すようなことは全くない。しかし、私が日本人と話をかわしたり、いろいろ多くのものを見た結果として、彼らの基本道徳の水準は非常に低いものであり、生活は誠実でもなければ清純でもない、と判断せざるをえない。

いったい、その精神状態とか基本道徳の水準とかは、なにを意味するのか。読者であるイギリス人にとって自明にもみえたはずの規範を読みとるのは、かなりむずかしい。アイヌの生活を論じた一節を、引用しよう。

（アイヌの未開の生活は）みじめな動物的生活をあまり脱《ぬ》け出していない生活である。彼らの生活は臆病《おくびょう》で単調で、善の観念をもたぬ生活である。彼らの生活は暗く退屈で、この世に希望もなければ、父なる神も知らぬ生活である。しかし、アイヌの最低で最もひどい生活でも、世界の他の多くの原住民たちの生活よりは、相当に高度で、すぐれたものではある。……アイヌ人は誠実であるという点を考えるならば、わが西洋の大都会に何千という堕落した大衆がいる――彼らはキリスト教徒として生れて、洗礼を受け、クリスチャン・ネームをもらい、最後には聖なる墓地に葬られるが、アイヌ人の方がずっと高度で、ずっとりっぱな生活を送っている。全体的に見るならば、アイヌ人は純潔であり、他人に対して親切であり、正直で崇敬の念が厚く、老人に対して思いやりがある。

全般にアイヌにたいする高い評価がきわだっているが、その背景にはつぎのような観察がひかえているかもしれない。「容貌《ようぼう》も表情も、全体として受ける印象は、アジア的というよりはむしろヨーロッパ的である」。「彼女の表情は厳しく近寄りがたいが、たしかに彼女は非常にきれいである。ヨーロッパ的な美しさであって、アジア的美しさではない」。つまり、アイヌへの親近感は、なにがしかヨーロッパ白人との類比によって支えられているのかもしれない。

以上のことを、白人文明の優越観とか、ヨーロッパ人の自己中心主義とか説明するのは、いとも容易である。「父なる神も知らぬ」未開人をとらえて、これを「動物的生活」とよぶとすれば、あまりに一方的な判断だと非難したくもなろう。たしかに、十九世紀にあって、日本ばかりかアジア諸地域にでかけた外交官や商人・旅行者が、ヨーロッパとはあまりに異なる文明にであい、ただ一言で「野蛮な未開」と両断するケースは、きわめて多い。イサベラもまた、例外とはいいがたい。ヨーロッパ人は「文明」という土産《みやげ》と鏡とをたずさえて、アジアやアフリカに赴《おもむ》いたのである。

けれども、あらゆる観察者の片言隻句《へんげんせっく》をとらえて、みなひとしく「ヨーロッパ文明優越論者」とみなすとすれば、その議論もまた野蛮な両断といわねばならない。観察者たちは、異国の社会や生活にふれて、自己にそなわった判断基準を動員しつつ、事象を解釈しようとつとめ、ときに自らについての評価の変更をもいとわないという態度をとることもある。文明における他者の認識は、しばしば自己やその判断基準の再認識をうながしもする。イサベラをはじめとするアジア旅行者の紀行も、その観点から読みなおすことが可能である。

都市の大衆の道徳

さきの引用をもういちど精査してみよう。イサベラはアイヌの道徳状態を、まるで「動物的」だとけなした。だがついで、キリスト教徒のなかにも都市の何千という堕落の大衆がいるではないかと、反問する。アイヌという他者の認識は、すぐにイギリスという自己の認識を引きださざるをえない。どこの社会にも落ちこぼれはいる、といった一般論ではない。十九世紀のイギリスは、現実に「堕落した都市の大衆」をかかえていた。

ときはヴィクトリア朝である。産業革命の成功がもたらしたイギリスの繁栄は、国際経済でのリーダーシップを保証した。流入する富は、資本家たちの旺盛《おうせい》な投資欲求をうながし、企業活動は都市空間のすみずみにまで進出する。工場の労働者の賃金と、さらにはそのおこぼれに与《あず》かろうとする零細民とが、町にあふれた。農村からの移住が進み、都市は爆発的な成長をみせる。急速な成長は、当然のことながら、多大なひずみをもたらした。ヴィクトリア朝の都市は問題ぶくみであった。

イサベラが「堕落した都市の大衆」とよぶのは、そのヴィクトリア朝時代の都市像の表明である。イサベラの脳内には、つねにイギリス社会がおかれていたはずだ。新潟の観察をみよう。

〔新潟〕は美しい料亭が多いので有名であり、遠くの地方から訪れてくるものが多い。また劇場がりっぱで、この町は娯楽の一大中心地となっている。町は美しいほどに清潔なので、このよく掃ききよめられた街路を泥靴で歩くのは気がひけるほどである。これは故国のエディンバラの市当局には、よい教訓となるであろう。藁《わら》や棒切れが一本でも散れば、たちまち拾いあげられて、片づけられてしまう。

近代的都市計画が実施されるまえのイギリス都市は、はなはだ未整備で街路はよごれていた。都市問題が心あるイギリス人によって深刻に意識されていたのである。

自然と景観への固執

イサベラの日本観察のはしばしを、さらにべつの視点から読みこむことができる。二点にかぎって論じよう。第一は、風景や自然の観照である。さきにみたとおり、芭蕉とともにイサベラは、山岳美や自然美に独特の鑑賞眼を示した。いますこし、山形での記述をみよう。

米沢平野は、南に繁栄する米沢の町があり、北には湯治客《とうじ》の多い温泉場の赤湯《あかゆ》があり、まったくエデンの園である。「鋤で耕したというより鉛筆で描いたように」美しい。……実り豊かに微笑する大地であり、アルカデヤ(桃源郷)である。自力で栄えるこの豊沃《ほうよく》な大地は、すべて、それを耕作している人びとの所有するところのものである。

……美しさ、勤勉、安楽さに満ちた魅惑的な地域である。山に囲まれ、明るく輝く松川に灌漑されている。どこを見渡しても豊かで美しい農村である。

イサベラは極東の山岳にアルカディアを発見する。ちなみに、現在の山形県は「まちづくり」運動の標語に「東洋のアルカディア」を掲げるが、イサベラのこの箇所の記述にもとづいてのことである。

キリシタン時代以降、ヨーロッパ人による紀行や報告が多数書かれてきたが、イサベラはおそらくいずれにもまして山岳や河川、原野、森林について、ゆたかな記述を残した。しかも、その自然が人間とともにつくりだす造形、つまり景観にたいしても、各所で印象的な言葉を語っている。エデンやアルカディアは、いずれもヨーロッパ人にとっては幻想のなかで描かれる理想郷であるが、睦《むつ》みあう人間たちの参加を必須《ひっす》とする。いくらかの誤解もあるが、米沢平野の耕作者がみな安定した自作農民だとすれば、エデンの楽園もまた適切な比喩《ひゆ》というべきだろう。

どのヨーロッパ人も、あるいはすべてのイギリス人も自然や景観にするどい感受性をもったというわけではないが、アルカディア幻想はたしかに近代人にとって、ひとつのトポス(共通話題)であった。とりわけ、十八世紀の啓蒙時代以降、自然の価値へのめくばりが知識人によって強調されるようになる。絵画の素材として、あるいは庭園造営のモデルとして、景観は重要な主題となる。

イサベラが、僻遠《へきえん》の地に自然景観美を見出したのも、そうした脈絡のなかで理解できる。十九世紀イギリスは、産業と都市社会との際限のない発展をしるすが、他方ではそれの危うさに気づき、近代文明からの脱出すらも、とりざたされた。ブルジョワ市民の遠慮ない進出に反発して、むしろ自然との和合にこそイギリスらしさをとりもどそうと提唱した。ことにジェントリー貴族たちは、田園や海浜にリゾート地をもとめた。かねてからの農村領地にはカントリーハウスが設けられ、自然景観を享受するノーブルな生活の実現が望まれた。一見すると華やかなヴィクトリア朝時代ではあるが、都市と田園とのあいだには微妙なアンバランスが生じ、人びとの行動には種差《しゅさ》がめだっている。

イサベラは貴族階層の出身ではない。弁護士、そして牧師をつとめる中流の自由職業人の娘であったが、幼時からの病弱のためしばしば転地療法をうけ、しだいに都市生活への嫌悪をかためていったものと想像される。若くしてアメリカ、カナダ、ついで中年にいたってオーストラリア、ニュージーランド、それにハワイを旅して、現地住民の生活に関心を示すようになるのも、そうした経過のゆえであろう。エジンバラの町なかに住みつつも、時代の声を聞きわけて、自然への眼を養っていった。

イサベラはこうして、十九世紀ヴィクトリア朝イギリスのある特定の価値意識をたずさえて、日本をおとずれ、観察と認識を進めていった。ほかの時代、ほかのイギリス人では、あるいは不可能だったかもしれぬ旅なのである。

子どもへの配慮

このことを、第二の主題でもたしかめてみよう。『日本奥地紀行』を読むと、日本人の女性や児童についての記述がたいへん豊富だということに気づく。おそらく、外国人による観察として並ぶものがない。イサベラが女性だからだといえば、それまでのことだが、それにしても観察のこまやかさはどうだろう。

私は、これほど自分の子どもをかわいがる人々を見たことがない。子どもを抱いたり、背負ったり、歩くときには手をとり、子どもの遊戯をじっと見ていたり、参加したり、いつも新しい玩具《がんぐ》をくれてやり、遠足や祭りに連れて行き、子どもがいないといつもつまらなそうである。他人の子どもに対しても、適度に愛情をもって世話してやる。父も母も、自分の子に誇りをもっている。

アイヌ村落での感想をつづけて聞こう。

私は日本の子どもたちがとても好きだ。私は今まで赤ん坊の泣くのを聞いたことがなく、子どもがうるさかったり、言うことをきかなかったりするのを見たことがない。日本では孝行が何ものにも優先する美徳である。何も文句を言わずに従うことが何世紀にもわたる習慣となっている。英国の母親たちが、子どもたちを脅したり、手練手管《てれんてくだ》を使って騙《だま》したりして、いやいやながら服従させるような光景は、日本には見られない。

駄馬

……子ども崇拝は米国よりも日本の場合がもっと一般的である。私が思うには、日本の形式が最もよい。

旅人から人類学者にいたるまで、大多数が男性であったため、女性や児童についての情報が乏しかったというのは、いちおうは事実であろう。女性の旅人をえて、日本人の子ども好きが確認できたのだとすれば、幸運であった。だが、イサベラ自身は、当時にあっては、夫もなく子どももいない。かの女がとくに子どもに特別な関心をいだく必然性もないようだ。

しかしながら、これまたヴィクトリア朝時代のイギリス人として理解してみると、イサベラの興味のありどころが十分に了解できる。その時代に、すくなくともイギリスの中上流階層にあっては、家庭という価値がこのうえなく重視された。女王ヴィクトリアが、夫であるアルバート侯の死後、失意から家庭内に隠棲《いんせい》して愛児との生活にふけることが、家庭重視の風潮を強めたのだとも説明される。とりわけ主婦は、貞節と優美をもって家庭をまもるべきものと要請される。たぶん、伝統的イギリス女性の倫理に忠実なイサベラも、ヴィクトリア朝時代には、この理想に共鳴したであろう。家庭において子どもをいかに遇するかは、時代のトポスのひとつであった。日本を旅するイサベラの観察参照軸には、子どもの姿が刷りこまれていたにちがいない。

人間であれば、いついかなる場でも子どもは関心対象の中心のひとつだというのは、あやうい命題である。それが、参照軸に組み込まれなければ、旅人は子どもに眼をむけようともせず、紀行に記載することもあるまい。子どもの扱いかたとして、日本のケースをもっとも理想的と判断したのも、イサベラも共有したヴィクトリア朝イギリスの参照軸のゆえであったろう。日本での判断が正鵠《せいこく》をえているかどうかは、この際、問題ではない。

イサベラの観察記録については、まだまだ言及すべき側面がある。女性をめぐる風紀問題、たとえば温泉場での混浴の是非についてなど、ヴィクトリア朝女性にとって、にわかに発言をいどみそうな主題もある。ここでは、分析をこれでとめておこう。

ヨーロッパ自己中心発想という非難を回避するために、最後につぎの一節だけ、引用しておく。

多くの点において、特に表面に現れているものにおいては、日本人は英国人よりも大いにすぐれている。他の多くの点では、日本人は英国人よりもはるかに劣っている。このていねいで勤勉で文明化した国民の中に全く溶けこんで生活していると、その風俗習慣を、英国民のように何世紀にもわたってキリスト教に培われた国民の風俗習慣と比較してみることは、日本人に対して大いに不当な扱いをしたことになるということを忘れるようになる。この国民と比較しても常に英国民が劣らぬように《残念ながら実際にはそうではない！》、英国民がますますキリスト教化されんことを神に祈る。

特別な勇気と行動力を別にすれば、ごく平凡なイギリス女性であるイサベラが、アジアのさいはてでおこなった思考のあとを追跡してみた。その記述の資料としての貴重さはさておき、同時にその認識のスタイルを見ぬきたいからである。しばしばありがちな、あの居丈高《いたけだか》のヨーロッパ文明優越観から自由であるというのも、いささかの慰めである。明治の初年の東北・北海道に、英国民が学ぶべきところ多い「文明国」をみいだしたのだからである。

アジア認識のアポリア

しかし、本当にいいたいことは、そのさきにある。いくども念をおしたとおり、イサベラはヨーロッパ文明という一般名詞を背負ってやってきたというよりも、特定の時代の特定の価値感覚をいだいて横浜に上陸した。それは、ヴィクトリア朝の中流職業階層出身の女性として、十九世紀の市民社会のなかで刻みあげた価値感覚である。のちの人類学者がするように、異文化社会を調査するための万国共通チェックリストをたずさえてのことではない。歴史の刻印をおびたひとりの認識者として、来訪し観察した。その刻印を発光点として、イサベラは遠近法よろしく対象としての日本を照らしだす。

イサベラの眼が、ヨーロッパ自己中心観からへだたっているかどうかは、さしたる問題ではないかもしれぬ。ヨーロッパのかわりに「イサベラ」という自己を中心にすえて、遠近法を発動しただけのことだから。

もっとも、イサベラを擁護するためにこういう論拠が引きだされるかもしれない。イサベラにつづく時代に、たとえばいく人かのイギリス人が植民地インドに赴き、幽玄のインドへの憧れと現実の貧困とを対比して語った。ノーベル賞作家ジョセフ・キップリングは、インドに育ち、インドの過去を称賛しつつ、結局は十九世紀インドの悲惨を印象づけることになった。この筆法は、イギリスのインド支配を巧妙に合理化するばかりのものであった。「帝国主義政策」の擁護者として、キップリングを裁断するのも、あながち不当ではない。

イサベラの父は、かつてインドで弁護士をつとめていたが、いまやその娘イサベラには、東方民族への優越感覚はうすい。キップリングの陥った罠《わな》は、イサベラには無縁だった。このようにして、イサベラの立場は救済されるようにもみえる。

だが、キップリングもまた、おなじくヴィクトリア朝末期のイギリス社会を背景に、そこに共有される価値感覚を参照軸にして、インドを把握しようとした。手続きにおいて、イサベラの場合と優劣があるわけではない。帝国主義的膨張に左袒《さたん》したか否かによって、認識の優劣を決するのは、フェアな判断ではあるまい。それでは、いずれのアジア認識であれ、みな相対的には正当性を主張しうるのか。そうでないとすれば、イサベラの日本認識の卓抜さはいったいどこに探られるべきなのか。

イサベラの『日本奥地紀行』を題材にして論じてきたのは、実はこれにかかわるアポリア（論理的困難）に迫りたいからである。周知のとおり、十九世紀をもふくめて、ヨーロッパ人がアジアにむけてきた認識眼について、昨今、きわめて厳しい批評がおこなわれている。一見するとアジア諸国に所蔵されてきた文化の伝統に賛美をおくるかにみえて、そのオリエンタリズムは自己正当化の露骨な言辞であるという。エドワード・サイードの『オリエンタリズム』（一九七九年）ほかが投げかけた衝撃である。アジアは正当に認識されたのではなく、むしろ植民地支配につづき、認識世界のなかで再度、収奪されたのだとも論じられる。多数の善意の認識者・調査者は、アジアでの観察において、ヨーロッパ人としての価値体系を堅固に再確認したにとどまる。しかも、ヨーロッパにおけるその読者にいたっては、現実のアジアを恣意《しい》的に切り刻み、放縦にも幻想化して、架空の美的世界を構築したばかりのことかもしれない。

かつてキップリングが、ペシミズムよりは優越感から語ったように、「東は東、西は西、けっして合うことあらじ」とは、真理なのであろうか。むろん、この場合の真理とは、きわめてペシミスティックな断念としての真理のことである。

イサベラの日本紀行もまた、オリエンタリズムの咎《とが》を免れはしまい。いかに日本人の道徳的価値に穏当な評価を与えたにせよ、その評価者はヨーロッパの文化で武装した一女性だったのだから。西はついに東を理解できない。そうニヒリスティックに語りたくなる。

このアポリアから脱出する道は、いまもみつからない。だが、イサベラの紀行を読んできたわたしたちは、すくなくともつぎのことを承知している。ヨーロッパの伝統にひたったイサベラであるが、またヴィクトリア朝イギリスの一女性としての判断と認識の参照軸を保持し、そこからの眺望をここころみたあげく、イサベラは他人をもってしてはできない特異な観察結果を手にしたのである。ことによると、日本人自身が無意識のうちにすごしてきた日本文化の価値を、他者としてのイギリス女性が発見したともいえる。

その発見をも、認識上の誤謬《ごびゅう》とよぶのはフェアではない。アジアのことは、日本のことは、アジア人と日本人でなければ理解できないという強弁は、原理上も成立しえないはずである。オリエンタリズム批判は、たしかに従来の他者理解の浅薄さをつよい調子で攻撃して、みごとな成功をえたようにみえる。しかし、他者認識の至難というペシミズムは、あらたな認識法への探索をうながさざるをえまい。

イサベラの日本認識は、そのためのケース・スタディとして、かなり有効なヒントを提供してくれるようである。オリエンタリズムとして批判の対象となった多数の事例とともども、わたしたちには再分析を要する多数のアジア論が用意されている。しかも、「ヨーロッパがアジアを見るとき」という課題は、同時に「アジアがヨーロッパを見るとき」といういまひとつの課題に直結する。アジア論はすぐにヨーロッパ論にもつながらざるをえない。

あとがき

「アジアとは何か?」この問は、一見だれでも答えられそうに思えるかもしれない。しかしそれがけっして解決済みの問いでないことを、おそらく本書の読者には感じていただけたのではないかと思う。たしかに「アジア」を地理的に規定することはそれほどむずかしくはない。地理書を開けば、アジアが、東アジア(日本、中国など)、東南アジア(アセアン諸国)、南アジア(インド、パキスタンなど)、西アジア(アフガニスタン、トルコ、イランなど)、中央アジア(カザフスタン、キルギスなど)などに分かれると記されている。しかしこれらの諸地域に住む人々が、同じように「アジア」を認識しているとはかぎらない。

一九五五年にアジア・アフリカ諸国の代表が集まって会議が開かれたことはよく知られている。のちに「バンドン会議」の名で知られるようになったこの会議は、外国による支配から解放された喜びをうたいあげた民族の祭典であった。アジア・アフリカの人びとは、長いあいだ、欧米列強の植民地支配に苦しめられていたのである。しかしこの「バンドン会議」と比べるとき、一九六五年にアルジェリアで開催される予定の「第二回アジア・アフリカ会議」が流会したという事実が、ほとんど人びとの注意をひいていないのはなぜだろうか。たまたまその会議の準備に関係した編者は、その流会のさまをまのあたりにして、「バンドン精神」が、もはや独立を手にして一〇年を経たアジア・アフリカ諸国を団結させる機能を果たしえないことをみせつけられたと感じたものである。アジアは変わった。アルジェの「流産劇」から二〇年を経た一九八五年。人びとは「アジアの四小竜（韓国・香港・台湾・シンガポール）」の経済発展を賞賛し、その延長線上に、「アジアの世紀」の到来を予見するまでになった。しかしその「アジア」に、ラオスやカンボジアが入れるための設計図は、はたして用意されているのだろうか。

日本は、この先どのように他のアジア諸国とかかわってゆくべきであろうか。「アジアと日本」ではない、「アジアの中の日本」を論じなければならないと人はいう。そのとおりであろう。しかし、いまや世界第二の経済大国として、アメリカ、ＥＵとならぶ世界的存在となった日本が、アジアのなかで果たすべき役割はどのようにあるべきなのか。あるいはアジアの人びとは日本にどのような役割を期待しているのだろうか。二十一世紀の到来を目前にひかえた現在、われわれには真剣にこの問題と取り組むことが求められているのではあるまいか。この小著が、こうした問題への取り組みにすこしでもお役に立つことができるとすれば、編者にとっておおきな喜びである。

本書は、もと『国際交流』（国際交流基金発行の機関誌、一九九六年七一号）の特集として編集された。このたび「シリーズ国際交流」の一冊に加えられることとなった機会に、読者の便をはかって論文の掲載順に若干の変更を加えることとした。出版をすすめてくださった財団法人国際文化交流推進協会と、出版を引き受けてくださった山川出版社に心からお礼を申し上げる次第である。

二〇〇〇年三月

石井米雄

後藤 乾一　ごとう・けんいち
早稲田大学アジア太平洋研究センター教授
著書：『近代日本と東南アジア』（岩波書店，1995年），『東ティモール国際関係史』（みすず書房，1999年）など

伊東 俊太郎　いとう・しゅんたろう
麗澤大学教授，東京大学名誉教授，国際日本文化研究センター名誉教授，比較文明学会会長
著書：『比較文明』（東京大学出版会，1985年），『比較文明と日本』（中央公論社，1990年）など

樺山 紘一　かばやま・こういち
国立西洋美術館長
著書：『世界史へ―新しい歴史像をもとめて』（共編，山川出版社，1998年），『普遍と多元―現代文化へむけて』（編著，岩波書店，2000年）など

溝部 英章　みぞべ・ひであき
京都産業大学法学部教授
著書：『近代日本の意味を問う』（共著，木鐸社，1992年），『近代日本政治思想史入門』（共著，ミネルヴァ書房，1999年）など

上田　信　うえだ・まこと
立教大学文学部史学科教授
著書：『伝統中国』（講談社，1995年），『森と緑の中国史』（岩波書店，1999年）など

大塚 健洋　おおつか・たけひろ
姫路獨協大学法学部法律学科教授
著書：『大川周明と近代日本』（木鐸社，1990年），『近代日本政治思想史入門』（ミネルヴァ書房，1999年）など

銭 国 紅　せん・こくこう
大妻女子大学比較文化学部比較文化学科講師
著書：『アジアにおける近代思想の先駆』（信毎書籍出版センター，1993年）など

宮嶋 博史　みやじま・ひろし
東京大学東洋文化研究所教授
著書：『両班（ヤンバン）』（中公新書，1995年），『世界の歴史12　明清と李朝の時代』（中央公論社，1998年）など

石井　明　いしい・あきら
東京大学大学院総合文化研究科教授
著書：『中ソ関係史の研究』（東京大学出版会，1990年），『中国20世紀史』（共著，東京大学出版会，1993年）など

森本 達雄　もりもと・たつお
名城大学教授
著書：『ガンディーとタゴール』（第三文明社，1995年），『わたしの非暴力（マハトーマ・ガンディー著）』（訳，みすず書房，1997年）など

白石 昌也　しらいし・まさや
早稲田大学アジア太平洋研究センター教授
著書：『ベトナム民族運動と日本・アジア』（巌南堂書店，1993年），『ベトナム—革命と建設のはざま』（東京大学出版会，1993年）など

編著者紹介

〈編・著者〉

石井 米雄　いしい・よねお

神田外語大学学長

著書：『タイ近世史研究序説』（岩波書店，1999年），『東南アジア史Ⅰ　大陸部』（共編，山川出版社，1999年）など

〈著者〉

板垣 雄三　いたがき・ゆうぞう

東京経済大学コミュニケーション学部コミュニケーション学科教授

著書：『歴史の現在と地域学―現代中東への視角』（岩波書店，1992年），『イスラームの都市性』（日本学術振興会，1993年）など

濱下 武志　はました・たけし

京都大学東南アジア研究センター教授

著書：『近代中国の国際的契機』（東京大学出版会，1990年），『朝貢システムと近代アジア』（岩波書店，1997年）など

川勝 平太　かわかつ・へいた

早稲田大学教授を経て，1998年より国際日本文化研究センター教授

著書：『日本文明と近代西洋』（日本放送出版協会，1991年），『文明の海洋史観』（中央公論社，1997年），『文明の海へ』（ダイヤモンド社，1999年），『富国有徳論』（中公文庫，2000年）など

坂本 多加雄　さかもと・たかお

学習院大学法学部政治学科教授

著書：『市場・道徳・秩序』（創文社，1991年），『日本の近代2　明治国家の建設』（中央公論社，1999年）など

松本 健一　まつもと・けんいち

評論家，麗澤大学国際経済学部教授

著書：『近代アジア精神史の試み』（中央公論社，1994年），『「高級な日本人」の生き方』（新潮社，1999年）など

吉田　忠　よしだ・ただし

東北大学東北アジア研究センター教授

著書：『東アジアの科学』（編，勁草書房，1982年），『科学技術』（共編，大修館書店，1998年）など

シリーズ国際交流《こくさいこうりゅう》4
アジアのアイデンティティー

2000年4月15日　1刷発行
2001年10月15日　2刷発行

編　者　石井米雄《いしいよねお》
発　行　（財）国際文化交流推進協会（エース・ジャパン）
〒107-0052　東京都港区赤坂1-11-28
赤坂1丁目森ビル4階
電話　03(5562)4422
発　売　株式会社　山川出版社
代表者　野澤伸平
〒101-0047　東京都千代田区内神田1-13-13
電話　03(3293)8131(営業)　8134(編集)
http://www.yamakawa.co.jp/
振替　00120-9-43993
印刷所　株式会社　精興社
製本所　株式会社　手塚製本所
装　幀　柴永文夫+前田眞吉
本文DTP　柴永事務所

　ISBN 4-634-47140-X

地域の世界史　全12巻　　全巻完結

1	地域史とは何か	濱下武志／辛島　昇 編
2	地域のイメージ	辛島　昇／高山　博 編
3	地域の成り立ち	辛島　昇／高山　博 編
4	生態の地域史	川田順造／大貫良夫 編
5	移動の地域史	松本宣郎／山田勝芳 編
6	ときの地域史	佐藤次高／福井憲彦 編
7	信仰の地域史	松本宣郎／山田勝芳 編
8	生活の地域史	川田順造／石毛直道 編
9	市場の地域史	佐藤次高／岸本美緒 編
10	人と人の地域史	木村靖二／上田　信 編
11	支配の地域史	濱下武志／川北　稔 編
12	地域への展望	木村靖二／長沢栄治 編

新版 世界各国史 全28巻

＊は既刊

＊ 1 日本史 宮地正人

＊ 2 朝鮮史 武田幸男

＊ 3 中国史 尾形 勇／岸本美緒

＊ 4 中央ユーラシア史
モンゴル・チベット・カザフスタン・トルキスタン
小松久男

＊ 5 東南アジア史Ⅰ—大陸部
ヴェトナム・ラオス・カンボジア・タイ・ミャンマー
石井米雄／桜井由躬雄

＊ 6 東南アジア史Ⅱ—島嶼部
インドネシア・フィリピン・マレーシア・シンガポール・ブルネイ
池端雪浦

7 南アジア史 辛島 昇
インド・パキスタン・バングラデシュ・ネパール・ブータン・スリランカ

8 西アジア史Ⅰ—アラブ
佐藤次高

9 西アジア史Ⅱ—イラン・トルコ
永田雄三

10 アフリカ史 川田順造
サハラ以南のアフリカ諸国

＊11 イギリス史 川北 稔
連合王国・アイルランド

＊12 フランス史 福井憲彦

＊13 ドイツ史 木村靖二

＊14 スイス・ベネルクス史
スイス・オランダ・ベルギー・ルクセンブルク
森田安一

15 イタリア史 北原 敦

＊16 スペイン・ポルトガル史
立石博高

17 ギリシア史 桜井万里子

＊18 バルカン史 柴 宜弘
ルーマニア・モルドヴァ・ブルガリア・マケドニア・ユーゴスラヴィア・クロアチア・ボスニア-ヘルツェゴヴィナ・アルバニア

＊19 ドナウ・ヨーロッパ史
オーストリア・ハンガリー・チェコ・スロヴァキア
南塚信吾

＊20 ポーランド・ウクライナ・バルト史
ポーランド・ウクライナ・エストニア・ラトヴィア・リトアニア・ベラルーシ
伊東孝之／井内敏夫／中井和夫

＊21 北欧史
デンマーク・ノルウェー・スウェーデン・フィンランド・アイスランド
百瀬 宏／熊野 聰／村井誠人

22 ロシア史 和田春樹

＊23 カナダ史 木村和男

＊24 アメリカ史 紀平英作

＊25 ラテン・アメリカ史Ⅰ—メキシコ・中央アメリカ・カリブ海
増田義郎／山田睦男

＊26 ラテン・アメリカ史Ⅱ—南アメリカ
増田義郎

＊27 オセアニア史
オーストラリア・ニュージーランド・太平洋諸国
山本真鳥

28 世界各国便覧